- 基于综合实践活动的生涯教育系列丛书
- 重庆市普通高中生物学课程创新基地、北碚区普通高中生物课程创新基地成果
- 重庆市普通高中教育教学改革研究重大课题（2019CQJWGZ1004）成果
- 重庆市教育学会第十届基础教育科研立项课题（XH2021A111）成果
- 重庆市首批中小学"支点"创新实验室成果

综合实践与植物探秘

总主编◎欧 健

主 编◎詹 露 林艳华

西南大学出版社
国家一级出版社 全国百佳图书出版单位

图书在版编目(CIP)数据

综合实践与植物探秘 / 詹露,林艳华主编. -- 重庆：西南大学出版社, 2023.10
（附中文丛）
ISBN 978-7-5697-2000-6

Ⅰ.①综… Ⅱ.①詹…②林… Ⅲ.①生物课—高中—教学参考资料 Ⅳ.①G634.913

中国国家版本馆CIP数据核字(2023)第204049号

综合实践与植物探秘
ZONGHE SHIJIAN YU ZHIWU TANMI

主编　詹露　林艳华

责任编辑：廖小兰
责任校对：张　庆
装帧设计：闯江文化
排　　版：吴秀琴
出版发行：西南大学出版社（原西南师范大学出版社）
　　　　　地址：重庆市北碚区天生路2号
　　　　　邮编：400715
印　　刷：重庆市国丰印务有限责任公司
成品尺寸：185 mm×260 mm
印　　张：8
字　　数：150千字
版　　次：2023年10月　第1版
印　　次：2023年10月　第1次印刷
书　　号：ISBN 978-7-5697-2000-6
定　　价：22.80元

编审委员会

总顾问：宋乃庆

主　任：欧　健

副主任：刘汭雪　梁学友　黄仕友　彭红军　张　勇　徐　川
　　　　崔建萍　卓忠越　陈　铎

委　员：冯亚东　秦　耕　李海涛　李流芳　曾志新　王一波
　　　　张爱明　张万国　龙万明　涂登熬　刘芝花　常　山
　　　　范　伟　李正吉　吴丹丹　蒋邦龙　郑　举　李　越
　　　　林艳华　李朝彬　申佳鑫　杨泽新　向　颢　赵一旻
　　　　马　钊　张　宏　罗雅南　潘玉斌　秦绪宝　罗　键
　　　　付新民　张兵娟　范林佳

编写委员会

总 主 编：欧　健

本册主编：詹　露　林艳华

本册副主编：马　特　邓洪平　洪兆春

编 写 者：陈　莉　陈立黎　陈焕霞　郭欣欣　胡雪婷
　　　　　罗　键　刘　轶　赖俊鼐　李炎栖　任志刚
　　　　　陶永平　向雯静　杨晓妮　杨　宇　余　游
　　　　　于子明

总序一

新高考改革，出发点就是让学生拥有自主选择、自我负责的学习权。此种导向要求中学进行育人方式的变革，为学生开设生涯教育的课程，给予学生人生规划的指导，引导学生认知自己，明确自己的兴趣、性格、优势、价值取向，让学生以此为基础认识外界，更好地为自己设立生涯目标，并根据已拥有的资源规划实现目标。"遇见最美的自己"——基于综合实践活动的生涯教育系列教材，正是西南大学附属中学先于国家政策试点，通过不懈的实践探索，收获的基于综合实践活动推进生涯教育的特色研究成果。

如何通过生涯规划课程的学习引导学生学会自主选择，这一重要议题为我国教育改革与发展开拓了一个新的领域。"遇见最美的自己"——基于综合实践活动的生涯教育系列教材，从实践的角度架构了基于综合实践活动的生涯教育的基本框架，为服务于学生生成发展的育人模式的构建、学校教育品质的提升和学校实践改革的推进提供了重要启示，研究具有开拓意义。

第一，该套教材的目标定位和内容选择，是以"助学生找到人生方向"为根本宗旨，贯穿初高中，培养个体人生规划意识与技能，指导学生学会学习、学会选择，在充分认识自我和理解社会的基础上，平衡个人发展和社会发展的需求，初步设计合理的人生发展路径，促进个体生涯发展活动，提升生涯素养。

第二，教材的设计与安排，坚守"学生是学习与发展的主体"这一根本理念，不仅初高中分阶段相互衔接，进行了一体化设计，更重要的是通过活动为学生搭建主动选择的平台，以研究性学习、社区服务、社会实践、研学旅行、设计制作、职业体验等综合实践活动为载体，引导学生在活动中明确人生奋斗目标并激发生涯学习动力，而不是简单地为学生提供品类繁多的"超市商品"让学生选择。

第三，学校还开发了《传统武术奠基康勇人生》《食育与健康生活》《生物实践与创意生活》《数学视角看生活经济》《水科技与可持续发展》《乡土地理和家国情怀》等配套教材，结合校内外的学习实践和生活实践，将基于综合实践活动的生涯教育理论渗透到学科课程中，为学生生涯发展提供重要教育平台和资源，弥补学生社会经历缺乏、生活经验不足、实践体验机会太少等生涯教育短板，促进生涯教育过程性和动态性发展。主体教材和辅助教材相辅相助，将生涯教育和综合实践活动有效融合，让学生在沉浸式的体验中感知自己、认知职业、畅想未来。

第四，教材贴近学生，语言平实生动，联系初高中生活学习实际，通俗易懂；图文并茂，既有趣味的活动设计，又有学生实践的光影记录，观之可亲。学生可从课堂内的探索活动、课堂外的校本实践中深刻体验生涯力量，还可在教师的引导下从活动链接中习得生涯领域的重要概念及理论，为未来的生涯发展做好积累。

总体而言，整套教材以综合实践活动为基础，融入学科课程和劳动教育，以提升学生生涯规划能力为目的，不断强化适合生涯发展的认知能力、合作能力、创新能力、职业能力，力图帮助学生适应并服务于社会，获得终身学习、终身幸福的能力。

教书育人在细微处，学生成长在实践中。本套教材的出版，将丰富生涯教育的承载形式，为中小学开展并落实基于综合实践活动的生涯教育提供可借鉴的案例，有效加强中学生生涯教育，促进学生全面发展、终身发展和个性发展。希望广大学生也可以像西大附中学生一样"在最适合的时候遇到最美的自己"，希望更多的学校像西大附中一样"为学生一生的生涯幸福奠基，让他们成长为自己满意的样子"。

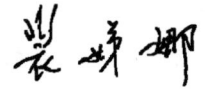

(北京师范大学资深教授，博士生导师，当代教育名家，中国课程与教学论领军人物，全国教学论专业委员会主任)

总序二

寒来暑往，西南大学附属中学在生涯教育这片热土上已躬耕二十余年。多年实践让我们相信，学校的课程、活动、校本教材都应回到问题的原点：什么是教育？

教育，是将自然人培养成社会人的过程，是帮助每一个孩子认识自己、发现自己，让他既能成长为自己心中最美的样子，又能符合国家、社会对人才的需求。

因此，我们希望实现这样一种生涯教育：让学生有智慧地参与综合实践活动，从活动中生发智慧；让学生有德性地参与综合实践活动，在活动中完善德性；让学生带着对美的追求参与到活动中，在活动中提升创造美的能力。一个拥有智慧与德性、能够欣赏美创造美的个体，定然能够在瞬息万变的世界里立定脚跟，也能够在喧喧嚷嚷中细心呵护一枝蔷薇。

秉持这样的理念，我们编写了"遇见最美的自己"——基于综合实践活动的生涯教育系列教材，着力帮助学生更好地适应未来不同阶段的身份、角色。希望学习此书的孩子们，不必因为不懂自己、不明环境、不会选择而错失遇见最美自己的机会。请打开这些书，热情地投入到探索活动中，感知自己的心跳起伏，喜恶悲欣；细细品读每个生涯故事，观察他人的生活，触碰更多可能；更要在校本实践中交流碰撞，磨砺成长……这些书将是孩子们生涯成长路上的小伙伴，陪在身旁，给予力量。希望大家从此学会学习，学会选择，学会生活。

基于综合实践活动的生涯教育是为幸福人生奠基的教育。我相信，当每一个个体恰如其分地成长为自己所喜欢的样子，拥有人生幸福的能力，就同样能为他人带来幸福，为社会创造福祉，为国家幸福而不断奋斗！

欧健

（教育博士，正高级教师，西南大学附属中学党委书记、校长）

目录 CONTENTS

第 1 节 时光里的邂逅
　　——重庆自然博物馆探秘 …………001

第 2 节 "植物家族"大百科
　　——植物学概述 ………………………007

第 3 节 植物的"身体密码"
　　——植物形态学基本知识 ……………015

第 4 节 走进缙云山被子植物世界
　　——重庆缙云山常见被子植物 ………024

第 5 节 揭秘植物"活化石"
　　——裸子植物的分类 …………………033

第 6 节 探索"自然宝藏"
　　——缙云山常见植物 …………………041

第 7 节 野外活动安全指南 ………………047

第 8 节 校园里的绿野仙踪
　　——校园植物的认识与分类 …………055

第 9 节 相逢何必不相识
　　——如何借助手机和手册独立探索 …063

第 10 节	"闯关吧！向往的自然"最强大脑挑战赛
	——植物学理论及实践知识问答 ……………………068

第 11 节	"暗香浮动"秘境马拉松
	——路线（一）………………………………………076

第 12 节	"暗香浮动"秘境马拉松
	——路线（二）………………………………………081

第 13 节	"暗香浮动"秘境马拉松
	——路线（三）………………………………………087

第 14 节	"暗香浮动"秘境马拉松
	——路线（四）………………………………………093

第 15 节	"暗香浮动"秘境马拉松
	——路线（五）………………………………………101

第 16 节	"暗香浮动"秘境马拉松
	——路线（六）………………………………………107

第 17 节	"暗香浮动在缙云"文创产品拍卖会
	——体验职业，规划自我 ……………………………113

第1节

时光里的邂逅
——重庆自然博物馆探秘

重庆自然博物馆坐落在缙云山山脚，占地216亩，建筑面积30 842平方米，展示面积16 252平方米。重庆自然博物馆现有藏品11万余件，涵盖动物、植物、古生物、地质矿产、岩石、土壤等学科，以系统收藏中生代各类恐龙化石和西部地区丰富多样的脊椎动物标本为主要特色。展览由"动物星球""恐龙世界""山水都市""地球奥秘""生命激流"和"生态家园"等组成，主要展示地球演变、生命进化、生物多样性以及重庆的壮丽山川，重点阐述自然资源、环境与人类活动的关系，倡导人与自然和谐共处和可持续发展理念。自然博物馆是大家走近自然、了解自然、学习大自然的窗口，是神圣的知识殿堂，里面藏着无数的瑰宝等着人们去发现。

小资料
地质年代

距今30—40亿年前，原始单细胞生命在地球上出现后，人类给地球的发展划分成为五个"代"，依次是太古代、元古代、古生代、中生代和新生代。每一代划分为若干"纪"。古生代从远到近分为寒武纪、奥陶纪、志留纪、泥盆纪、石炭纪和二叠纪；中生代划分为三叠纪、侏罗纪和白垩纪；新生代划分为第三纪、第四纪。

一、活动目的

自然博物馆通过陈列展览实物向人们展现真实的自然演化和自然现象，为学生提供直观的感受，为探索世界提供丰富的资源和较好的学习氛围。所以对重庆自然博物馆的参观学习，是传统课堂学习的延伸和发展。

本次活动主要针对中学生,开展主题活动"时光里的邂逅——寻找中生代生物"。在重庆自然博物馆的各个展厅,学生参观学习,通过展品的展板介绍或现场解说等信息搜寻中生代时期地球上的生物,了解并收集它们的生活环境、形态结构、进化等方面的知识。在参观结束后,学生对收集的资料进行梳理整合,制作"时光里的邂逅——寻找中生代生物"参观活动分享单。该主题活动能帮助学生了解生物进化历程,同时提升学生收集资料、整理资料的能力,还能培养学生勤于动手、乐于分享的好习惯。

二、活动口号

"时光穿梭——邂逅生命"。

三、活动目标

学生学会利用自然博物馆的资源,了解中生代代表性生物如爬行动物、蕨类植物等的形态结构、生理特点;了解生命的进化历程,了解生物演化的轨迹;尊重自然、热爱自然、保护自然,学会与环境和谐相处。

四、所需设备及工具

1. 拍照或摄像设备。
2. 笔、A4纸。

你还想到哪些呢?
_____
_____
_____

五、活动安排

1. 预约自然博物馆参观门票。
2. 邀请自然博物馆的讲解员做本次活动的指导教师,沟通"时光里的邂逅——寻找中生代生物"主题活动的流程。
3. 登录重庆自然博物馆官网,初步了解重庆自然博物馆的展厅及展品。

4.记录活动过程,定格精彩瞬间(包括照片、新闻稿等)。

你还想到哪些呢？_____

_____

_____

六、活动流程

(一)场馆了解

重庆自然博物馆展出的内容包括动物、植物、古生物、人类、地质、天文六个方面,展品十分丰富。在参观该馆前,应做好观前准备,这样可以提高参观的有效性。比如登录重庆自然博物馆的官网、微博、微信公众号或官方APP,了解参观须知、浏览场馆分布、知晓展厅与展品的概况。

"三打开一关闭"你知道吗？

在自然博物馆中参观学习,我们提倡"三打开一关闭",就是让眼睛、耳朵、脑子通通打开,让嘴巴关闭：眼睛打开看标本,耳朵打开听讲解,脑子打开想问题,关闭嘴巴不吃东西、不大声喧哗。此外,建议大家在每件标本前至少停留一分钟,耐心观察,期待有更大的收获。除了"观察","联系"也是观展思维中的一大妙法。虽然各个展厅展出的标本不同,但标本内含的自然演化规律是相通的。大家可以多思考它们之间的关系,举一反三,就会发现自然界中更多的奥秘。

(二)实地参观

中生代约开始于2.3亿年前,结束于6 600万年前。中生代的生物演化最为特殊,主要是爬行动物大为发展,不仅陆上出现了大型爬行动物,有一些还重回海洋,而另一些则能在空中活动,所以中生代曾被称为"爬行类时代",而鸟类、有袋类和有胎盘的哺乳动物也开始发展。在无脊椎动物中,软体动物中的菊石类最为繁盛,因此,中生代又被称为"菊石时代"。此外,箭石、腹足类和瓣鳃类等其他软体动物也逐渐发展,显示出现代种类的初

中生代是爬行动物的鼎盛时期,恐龙在中生代称霸地球。

步面貌。植物以裸子植物中的苏铁、银杏最为繁盛,所以中生代又被称为"裸子植物时代",但后期已有被子植物出现,至白垩纪后期更为明显。中生代后期的地壳运动对生物的演化产生了巨大影响,许多种类(特别是恐龙)趋于灭绝。重庆自然博物馆展示的中生代生物标本很多,这些生物标本和化石讲述着自然的前世今生。请你在观展过程中仔细观察标本,认真聆听老师的讲解,并把你了解到的信息详细记录在参观记录单上吧!

这是菊石的化石,还是蜗牛的化石?

"时光里的邂逅——寻找中生代生物"参观活动记录单				
记录者		参观时间		
展品名称		展厅		展品信息

(三)资料梳理

学生根据参观记录单,梳理中生代的植物、动物,梳理在观展过程中印象最深刻的是什么,最有趣的是什么,收获有什么。

(四)交流分享

学生把参观过程中收集的资料制作成参观活动分享单,把收获、体会、感悟分享给大家。

"时光里的邂逅——寻找中生代生物"参观活动分享单

◯ 参观时间：

◯ 参观感受：

◯ 你参观中了解到的中生代生物有：

◯ 你最喜欢的展品及喜欢的原因：

◯ 你对最喜欢的展品的详细描述：

◯ 你参观过程中最有趣的一件事：

◯ 你的收获：

🌸 文创俱乐部

帆布涂鸦手提袋

生命是大自然的杰作。生物从诞生的那刻起就注定要开始它奇异的旅程——伴随地球环境的变迁而向更高级的形态发展。在参观活动中，同学们认识到恐龙、菊石等动物曾是中生代生物中的佼佼者，在拓展或面对新环境的过程中它们或无法适应，或经历浩劫而绝灭导致尸骨沉积为化石。咱们一起动手留住它们的美好——以恐龙、菊石等化石为蓝本，制作一份属于自己的涂鸦手提袋吧。

制作过程：

1.准备纯色帆布袋、植物涂料、纸板、海绵涂抹器、勾线笔；
2.构思帆布袋图案并在袋子上用勾线笔画出轮廓；
3.把纸板垫在包内，用海绵涂抹器给图案上色并晾干。

参考文献

[1]张小澜.自然博物馆的绿色使命及其可持续建设初探[J].中国博物馆,2014(01):107-111.
[2]赵玥.非正式环境下"馆校合作"科学活动方案的开发与实践[J].生物学教学,2018,43(12):57-59.
[3]刘世斌.开发博物馆课程,让学生在研学旅行中开展深度学习[J].中小学教师培训,2018(07):36-38.

第2节

"植物家族"大百科
——植物学概述

植物学是一门以植物为对象,研究植物的形态结构及其发育规律、类群和分类以及植物的生长分布与环境的相互关系等的学科。

植物从细胞—组织—器官—个体的发育过程中,和从简单到复杂、从低等到高等的系统演化发展过程中,表现出了在分子、细胞、组织、器官、物种、种群、群落和植被等各个阶层的多样性,植物学最主要任务之一就是从这种多样性中揭示出统一性的一般规律。植物学有两大应用学科领域,分别是农学和医学,前者主要以植物为对象,而后者则主要以动物和人类为对象。农业是人类直接或间接利用植物生产潜力生产人类需要的植物产品的综合技术。从这种意义上说,学习植物学的主要目的就是从理论上揭示植物界的基本规律,更好为农业服务。

一、什么是植物

不同科学家对植物分类有不同的观点,但是无论是分成原核生物界、原生生物界、植物界、真菌界和动物界五界,还是分成原生生物界、植物界和动物界三界,目前人们习惯上还是普遍采用最早提出的植物和动物二界系统。植物,广义地说它是不属于动物界的任一生物的通俗称呼,是相对于动物而言的。目前,没有一条独立的标准可用来将一切植物与动物划分开来,但若干特征综合起来可以作为划分这两大类生物的一般原则:

1. 多数植物固定生活,而动物具备移动能力,但是少数低等植物也可以运动。
2. 多数植物具有相当坚韧的细胞壁。
3. 多数植物具有丰富、持久而活跃的胚性组织。
4. 大多数植物能进行光合作用,具有叶绿素,因而被称为"绿色植物",与之相对的为"非绿色植物"。前者担负整个地球生命的营养合成,后者起分解或矿化作用,使地球生机盎然,循环往复,永无休止。但有些较低等的生物则兼具植物与动物的特征,既不能专一地划归为植物,又不能专一地划归为动物,它们被称为"植物动物"。如黏菌被划为植物,动物学家称之为黏虫、眼虫藻或绿眼虫。这种情况是不难理解的,植物、真菌和动物都是进化的产物,它们彼此都有亲缘关系,这些同时具有植物、真菌或动物特征的生物正说明生物在低级阶段是与动物没有清楚的界限的。

总之,本书的主要对象是那些具有细胞壁的生物,重点是进行光合作用的绿色植物,也兼顾非绿色的菌类植物。

二、植物的多样性

植物的多样性存在于分子、细胞、物种、种群、群落和植被等各个阶层,可以概括为以下方面。

(一)种类繁多

据估计,全球植物种类总数达50万种,主要在热带地区,如巴西亚马孙河流域有极其丰富的物种,且种群数量巨大。

(二)类型多样

1.大小:最小的藻类,个体为单细胞,小到以微米计,如螺旋藻和小球藻。大的植物如巨杉(又称"世界爷")高达142米,胸径12米;杏仁桉则高达155米。独木成林的榕树,覆盖面积可达足球场大小。

2.形态:有单细胞个体、单细胞群体、多细胞的丝状体和叶状体,有根茎、叶分化的草本、木本(半灌木、灌木、乔木)的复杂植物体。

3.营养方式:(1)自养:绿色植物体内有叶绿素,吸收太阳光能,进行光合作用,把无机物合成有机物,释放出氧气,维持了地球的繁荣。(2)异养:非绿色植物体内不具备叶绿素,不能进行光合作用,分解死的有机体,即矿化作用,将复杂的有机物分解成简单的无机物,再为绿色植物所利用。主要分为:腐生,许多真菌、细菌以及一些高等的有花植物如水晶兰、大花草、天麻等;寄生,某些真菌、细菌和少部分有花植物如菟丝子、列当等。

4.生活习性:有生存时间较短的植物,如某些单细胞藻类和少部分生活在沙漠中的十字花科植物;一年生:在一年内完成生长;二年生:在第一年生长,第二年开花结实;多年生:多年生长,每年都开花结果。巨杉可生长3 500年以上。

5. 繁殖方式:以孢子繁衍后代,如低等植物、苔藓、蕨类植物等孢子植物;以种子繁衍后代,如裸子植物、被子植物等种子植物。

(三)基因型丰富

植物在生存和繁衍过程中会不断发生变异,形成不同的基因型,这也是人类赖以生存和发展的物质资源。人工栽培植物的品种繁多,为育种提供了丰富的遗传种质资源。野生的和栽培的果实,大小和品质差异较大。野生植物经过引种驯化栽培,在长期自然选择和人工选择下不断分化定型,产生出许多新的生活型栽培种。如中国有水稻品种约5万个,大豆品种约2万个。小黑麦是小麦与黑麦的属间杂交种。经遗传工程可以产生新种,转基因技术是培育作物新品种的技术。中华猕猴桃源自中国,然而新西兰生产的猕猴桃成为新西兰主要的出口水果。观赏植物如菊花、月季花、桂花、梅花和牡丹等都起源于我国。

(四)分布广泛

从茂密的热带雨林到寒带西伯利亚冻土高原,甚至南极、北极,从平地到高山,从海洋(生活有大量海藻,红海就是由于富有红色毛状带藻造成的)到陆地,甚至极端干旱的沙漠中均分布有不同的植物类群。南极有荷兰石竹,北极有北极柳、雪生衣藻、雪生黏球藻;70摄氏度的温泉中也生活有蓝藻。

三、中国植物多样性

中国植物物种丰富,种子植物有30 000余种,仅次于巴西和哥伦比亚,居世界第三位。木本植物约8 000种,约占全世界木本植物的40%,特有植物占植物种总数的三分之一,其中裸子植物约250种,是世界上裸子植物最多的国家。中国森林覆盖率16.5%,世界平均26.6%,在世界上属少林国家。中国栽培植物有600余种(世界栽培植物有12 000余种),中国是水稻、大豆、谷子等原产地。中国的栽培和野生果树种类总数居世界第一位,其中许多主要起源于中国或中国是其分布中心,如种类繁多的苹果、梨、柿、猕猴桃,包括甜橙在内的多种柑橘类果树,如荔枝、龙眼、枇杷和杨梅等。

四、植物的重要性

(一)固定太阳能,为地球生命过程提供能量

绿色植物的光合作用,将光能转变成化学能并贮藏于光合作用产物之中然后利用。化石能源如煤炭、石油和天然气,也多数为不同地质年代地球古植物光合产物经地质矿化而形成,是维持人类文明最重要的能源。但是,随着这些不可再生能源资源逐步减少,探索利用植物作为可再生能源资源,如利用植物提炼石油或制造乙醇作为汽车动力原料,已经受到普遍重视。

(二)形成有机物,促进物质循环

地球表面的植物每年约合成26 050亿吨有机物,其中海洋植物的合成量约占90%,陆地植物的合成量约占10%。各种生物的呼吸、残体腐烂均呼出二氧化碳,燃烧亦放出二氧化碳,绿色植物进行光合作用时需要吸收大量的二氧化碳作为合成有机物的原料。长期以来,空气中的二氧化碳大致维持在0.03%这一相对稳定的水平,这显然与植物的合成和分解作用的相对平衡密切相关。但是,现代工业迅速发展依赖于对矿石燃料的大量消耗,排放出更多的二氧化碳,导致地球的温室效应。减少二氧化碳排放和营造更多的森林植被,对于防止温室效应具有十分重要的意义。绿色植物在光合作用过程中还释放出氧气,不断补充由于动植物呼吸和物质燃烧及分解时对氧气的消耗,维持了自然界中氧气的相对平衡,保证了生命活动的正常进行。

在氮的循环中,植物也充当着重要的角色。固氮细菌和蓝藻能将游离于空气中的分子态氮固定,转化成为植物能够吸收利用的含氮化合物;绿色植物吸入这些含氮化合物,进而合成蛋白质。生物有机体经腐败分解作用而释放出氨,其中一部分氨成为铵盐为植物再吸收;另一部分氨经过土壤中硝化细菌的硝化作用,形成硝酸盐,成为植物的主要可用氮源。环境中的硝酸盐也可由反硝化细菌的反硝化作用,再释放出游离氮或氧化亚氮返回大气以后,又可再被固定而利用。氮素循环与农业生产的关系十分密切。氮肥是使用量最大的肥料。合理利用豆科植物根部的共生根瘤菌的固氮作用可以减少化肥的使用量。

自然界中还有氢、磷、钾、镁、钙以及一些微量元素等,也多从土壤中被吸收到植物体内,经过一系列代谢,又重返土壤。总之,在物质循环中,植物作为生产者,动物、微生物等生物群体共同参与,使物质的合成、分解、吸收和释放协调进行,维持生态系

统的平衡和正常发展。

(三)作为天然基因宝库,是人类赖以生存的物质资源

数十万种植物犹如一个庞大的天然基因库,蕴藏着丰富的种质资源,是自然界赋予人类最珍贵的财富。植物种质资源的良好保存和合理开发利用对于植物的引种驯化、品种改良和抗性育种等发挥着巨大作用。一粒种子可以改变世界,一个物种可以关系到一个民族的兴衰。植物的遗传资源还为人类未来的生存和发展提供了选择的余地。

人类的衣、食、住、行等各方面都离不开植物。衣:棉、亚麻、麻类和蚕丝(桑),无一不是植物直接或间接的产品;食:粮食、油料、果品、蔬菜、饮料、药用植物、牧草和糖料、肉类的生产也依赖植物饲料;住:木材、装饰材料、观赏植物、涂料和塑料等;行:橡胶。许多工业上也离不开植物,如食品工业、油脂工业、制糖工业、建筑业、纺织工业、造纸工业、油漆工业、酿造工业、化妆品工业,甚至冶金工业、煤炭工业和石油工业都需要植物作为原料或参与生产过程。

(四)恢复和保护植被,改善生态环境

茂盛的植被可以保持水土,植被被破坏将导致水土流失、土地沙漠化或石漠化。利用植物修复技术重建和恢复被污染、破坏的生态环境的植物群落,是恢复生态学的主要研究领域,是当今重要的发展方向。

五、植物学发展史

古希腊亚里士多德的学生提奥夫拉斯图斯被视为植物学的创始人。他在公元前300年写的《植物历史》(或称《植物调查》)一书,在哲学原理基础上将植物分类,描绘其各部分、习性和用途。罗马的老普林尼则把当时所有的植物学知识写在37册的《博物志》书中,开启了中世纪"百科全书学派"的先河,但谬误很多。后世界上陆续出现了许多有关植物方面的著述,如公元1世纪希腊医生迪奥斯科里德斯在其著作《药物论》中记述了600余种植物及其医药用途的引证,成为以后描述药用植物的基础。15—16世纪本草著作中最有价值的是日耳曼的布龙费尔斯、意大利的马蒂奥利、英国的特纳等的著作,此时期约与中国明代中叶以后李时珍完成《本草纲目》同时。总之,至17世纪前植物学几乎全限于描述(包括木刻画)和定性药用植物。

17世纪初期的自然科学从以"机械哲学"为主导思想进入"实验科学"阶段。植物学也从以描述为主转到更有目的、有计划、有系统地收集资料、观测现象，以至于在控制条件下进行试验，并提出和检验理论与学说。这期间物理学、化学的发展及新工具，如显微镜的应用也起了很大作用。

现代植物分类基本原理为英国生物学家雷伊在17世纪末确立，他把有花植物分为单子叶和双子叶，进一步分类就包括迄今还沿用的许多植物科。

1753年瑞典植物学家林奈写的《植物种志》，确立了双名制。他将生殖性状（花）用作重要分类依据，他确立的24纲主要建立在花的雄蕊数目上，每个纲再用花柱的数目分成目。这个系统的简单性使人容易接受，因而促进了植物的采集和调查，但由于此法含糊了自然分类而有害于植物学。如按林奈系统，百合和小檗同在一目，而鼠尾草和同类的薄荷却分了家。

林奈的贡献还在于把约6 000种植物归入各属（今天还沿用同样的安排），并校勘了他所知的种类和以前植物学家的命名和描写，再按双字命名法命名。此法立即被其他植物学者所接受。此后与分类学进展相并行的植物解剖学、植物生理学、植物胚胎学等的研究也就发展起来了。

自16世纪光学显微镜问世，17世纪各种不同的显微镜出现后，由胡克、格鲁、马尔皮基开创了植物解剖学。英国人胡克发现了细胞，他的细胞概念是一个由实心物质包围的空间（小室）。从那以后很久，植物学家才理解这些蜂房样的小室至少在幼期是含有生活物质的。第一位植物形态学家设想植物是由多种成分，包括导管、纤维、"囊"等组成的。日耳曼人施莱登和动物学家施万在1839年首次提出细胞学说，从此细胞学成为一个独立的学科。

在格鲁和雷的时代，生理学也开始了。雷做过树液运动、种子发芽和其他功能的实验。再早些年，荷兰人黑尔蒙特通过著名的桶栽柳枝试验证明植物从水中取得物质。1742年英国人黑尔斯在所著的《植物静力学》著作中记载了关于树液流动和压力、蒸腾作用、失水和空气交换气体等方面的124个实验，他因此被认为是植物生理学的创始人。

1774年英国人普里斯特利指出，植物在阳光下释放氧气。这些气体（氧气、二氧化碳）和植物的相互关系进一步由英恩豪斯和法国人索绪尔阐明。后者将定量方法引入研究，并证明水和二氧化碳一样被吸收。自此关于绿色植物在光下吸收水分和二氧化碳增重（制造食物）的光合作用被发现。

17—18世纪,卡梅拉里乌斯及布尔哈夫等人观察到植物的性别、花粉及受精作用等现象,推动了植物胚胎学等的发展。

到19世纪中期植物学各分支学科已基本形成。达尔文、孟德尔的工作更为植物进化观和遗传机制的确立打下了基础。

20世纪,特别是20世纪50年代以来,植物学又有了飞速发展,主要是植物生理学、生物化学和遗传学等的成就,如光合作用机理的阐明,光敏素、植物激素的发现,微量元素的发现,遗传育种技术、同位素计年法的建立,以及抗生物质的分离等,使植物学在经济上更为重要,成为园艺学、农业和环境科学的重要理论基础。

六、植物的分类

植物的分类是经过人们长期探索才逐渐完善起来的。最初人们经常只根据植物个别的或部分的特征、习性进行分类。

亚里士多德将植物分为乔木、灌木、半灌木和草本,在每类中又分为常绿和落叶植物、野生和栽培植物、有花和无花植物。我国的李时珍按照植物性状和功能把1 095种植物归纳为草、谷、菜、果、木类,写成《本草纲目》。这是我国著名的本草学著作,曾被译成好几国文字。1732—1737年,林奈以植物的生殖器官——雄蕊的数目及离合状况为依据,把当时已知的植物分为24纲(显花植物23纲,隐花植物1纲),纲以下分为目、科、属、种等单位,便于检索识别。这些著作对植物分类做出了应有的贡献,但都不能反映植物的进化地位及亲缘关系。达尔文《物种起源》的问世,给生物界奠定了进化论的理论基础,使植物学者得到了很大的启发,他们在形态学、比较解剖学、古生物学和化学鉴别方法(血清鉴别法)的基础上,探索植物种类的亲缘关系,纷纷提出了各种新的分类方法,这种分类方法就是自然分类法。但由于各人的看法不同,创立的系统各异,又因人类的知识仍然有限,真正符合自然进化的分类方法尚待继续探索。

目前,通常的分类方法是把世界上大约40万种植物,分为低等植物和高等植物。低等植物没有根、茎、叶的分化,种子没有胚,藻类、菌类和地衣属于低等植物。高等植物有根、茎、叶的分化,种子有胚,这类植物包括苔藓类、蕨类和种子植物,种子裸露在外的叫"裸子植物",种子包在果实里的叫"被子植物",被子植物还可以分成双子叶植物和单子叶植物。

植物科属分类方法是依据植物的亲缘关系及共同性进行分类。植物分类的基本单位是种，根据亲缘关系把共同性比较多的一些种归纳成属，再把共同性较多的一些属归纳成科，如此类推而成目、纲和门。因此，植物界从上到下的分类等级顺序为门、纲、目、科、属、种。

植物的"身体密码"
——植物形态学基本知识

要认识植物,首先我们要学会解读植物的"身体密码",也就是认识植物的外形和结构。植物形态学就是一门研究植物体内外形态和结构的科学,它是植物学的基础学科之一。但由于植物种类繁多,本节主要以被子植物为例,为大家解读植物的"身体密码"。

一、被子植物形态学概述

被子植物一般由根、茎、叶、花、果实、种子六大器官构成。其中根、茎、叶被称为"营养器官",主要功能是维持植物的生命;花、果实、种子被称为"繁殖器官",为植物繁衍后代。

被子植物是当今世界植物界中进化程度最高、种类最多、分布最广、适应性最强的类群,不同被子植物的形态千差万别,接下来就让我们一起来看看被子植物的器官都有哪些形态吧!

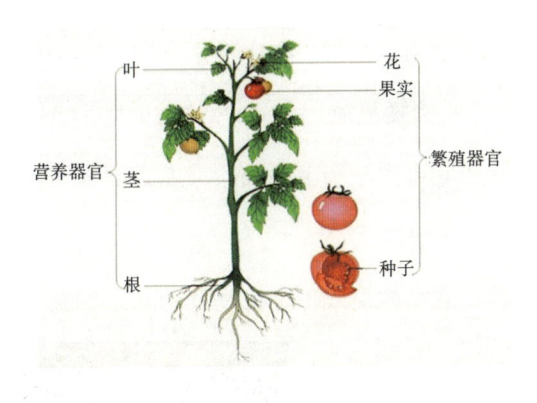

二、解锁密码——被子植物的根

根一般生于土壤中,主要功能是将植物体固定在土壤中,并从土壤中吸收水和无机盐,同时还能将水和无机盐向上运输到植物体的各个部分。被子植物的第一条根是由种子的胚根发育来的,被称为"主根"或"初生根",主根生长到一定长度后又生出许多侧根和次生根。此外,在茎、叶等其他部位也可产生不定根。植物所有的根的总和构成根系。不论是主根、侧根还是不定根都有根尖,即从根的最顶端到有根毛之间的一小段,由根冠、分生区、伸长区和成熟区(根毛区)组成,成熟区是根吸收水和养料的主要部位。所有的根一般都是由保护组织、分生组织、基本组织、输导组织组成的。

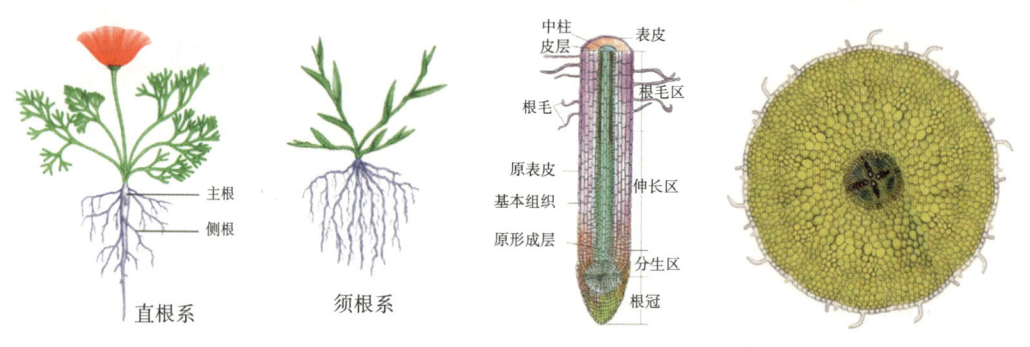

有些根在形态、结构和生理功能上发生了显著变化,被称为"变态根"。变态根是植物体在长期进化发展过程中形成的变态,是适应环境的结果。这种变态的特性形成之后,一代代遗传下来,成为遗传性状。

(一)贮藏根

其根体肥大多汁,形状多样,贮藏大量养分,贮藏的有机物有的为淀粉,有的为糖分和油滴。根据发生来源不同又可分为两种。

1.肉质直根

它由主根和下胚轴膨大发育而成。如萝卜、胡萝卜的肉质直根,为日常蔬菜。

2.块根

它由侧根或不定根发育而来。如菊芋、大丽花、甘薯、木薯的块根。

肉质直根——胡萝卜 　　块根——甘薯

(二)气生根

气生根是生长在地面以上的根,这种根在生理功能和结构上与其他根有所不同,又可分为以下几种。

1.支持根

像玉米从节上生出一些不定根,伸入土中,成为增强植物体支持力量的辅助根系。另像榕树从枝条上产生多数下垂的气生根,部分气生根也伸进土壤,成为粗大的木质支持根。

支持根——玉米　　支持根——榕树

2.板根

板根常见于热带树种中,如香龙眼、漆树科和红树科中的一些种类。板根是在特定的环境下,主根发育不良,侧根向上侧隆起生长,与树干基部相接部位形成发达的木质板状隆脊。有的板根可达数米,增强了对巨大树冠的支持力量。

3.攀援根

像常春藤、络石、凌霄等植物的茎细长柔弱,不能直立,但它们的茎上能生出不定根。这些根顶端扁平,有的成为吸盘状,以固着在其他树干、石山或墙壁表面攀援上升,故称"攀援根"。

4.呼吸根

分布于沼泽地区或海岸低处的一些植物,例如水龙、红树、落羽松等,在它们的根系中,有一部分根向上生长,露出地面,成为呼吸根。呼吸根有利于植物通气和贮存气体,以适应土壤中缺氧的情况,维持植物的正常生活。

(三)寄生根

高等寄生植物所形成的一种可以从寄主体内吸收养料的变态根,又常被称为"吸器"。例如菟丝子、桑寄生、槲寄生、列当和独脚金等。

板根　　攀援根——常春藤　　呼吸根——红树　　寄生根——菟丝子

三、解锁密码——被子植物的茎

茎是植物地上部分的主轴,其下与根相连,茎上生长叶和分枝,它们是由保护组织、基本组织、输导组织、分生组织等构成的。但茎的结构比根复杂得多。若以生活习性区别,茎可以分为以下几种类型。

(一)直立茎

茎干垂直地面向上直立生长的称直立茎。

(二)缠绕茎

缠绕茎细长而柔软,不能直立,必须依靠其他物体才能向上生长,但它不具有特殊的攀援结构,而是以茎的本身缠绕于它物上。

(三)攀援茎

这种茎细长柔软,不能直立,唯有依赖其他物体作为支柱,以特有的结构攀援其上才能生长。

(四)匍匐茎

匍匐茎细长柔弱,平卧地面,蔓延生长,一般节间较长,节上能生不定根。

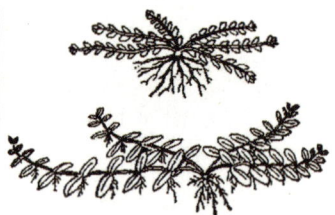

植物在长期系统发育的过程中,由于环境的变迁,也会引起器官形成某些特殊的适应情况,以致形态、结构都发生改变,从而形成变态茎。

1. 地上变态茎

(1)茎刺(枝刺) (2)叶状茎 (3)小鳞茎 (4)小块茎

2.地下变态茎

（1）根状茎　（2）块茎　（3）鳞茎　（4）球茎

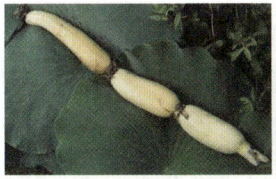

四、解锁密码——被子植物的叶

叶是植物的重要营养器官之一，是光合作用的主要场所，由保护组织、同化组织、输导组织组成。叶的主要功能是光合作用、蒸腾作用，还有一定的吸收作用。叶一般分为叶片、叶柄和托叶三部分，形态众多。其中，叶片类型也较多，但都有3种基本结构：表皮、叶肉和叶脉。

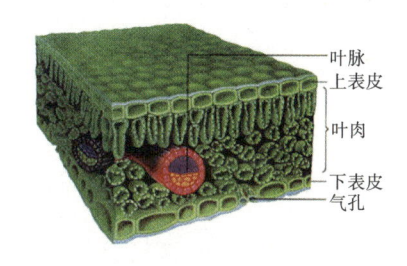

在植物的各种器官中，叶的可塑性最大，发生的变态最多，常见的有以下几种。

（一）叶柄叶

叶柄叶即叶片完全退化、叶柄扩大……种变态叶，其叶脉与其同科植物的叶柄及叶鞘相似，而与其相应的……相思树）。

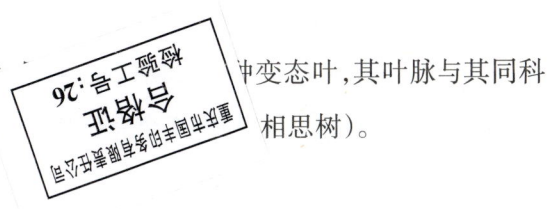

（二）捕虫叶

捕虫叶即叶片形成掌状或瓶状等捕虫结构，有感应性，遇昆虫触动能自动闭合，表面有大量能分泌消化液的腺毛或腺体（如猪笼草）。

（三）刺状叶

刺状叶即整个叶片变态为棘刺状的叶（如仙人掌）。

（四）卷须叶

卷须叶即叶片先端或部分小叶变成卷须状的叶（如野豌豆）。

（五）苞叶

苞叶指着生于花轴、花柄或花托下部的叶。通常将着生于花序轴上的苞叶称为"总苞叶"，着生于花柄或花托下部的苞叶称为"小苞叶"或"苞片"（如棉花、一品红、向日葵）。

棉花——小苞叶
（最外层绿色部分）

一品红——总苞
（红色部分）

向日葵——总苞
（绿色部分）

五、解锁密码——被子植物的花

花是被子植物中具有繁殖功能的短枝，有许多种类。一朵完全的花由花柄、花托、花被（花萼、花冠）、雄蕊群和雌蕊群组成。其中花柄是茎与花之间进行物质运输的通道；花托是花柄顶端膨大的部分；花萼由若干萼片组成，包被在最外层，一般为绿色，结构类似于叶，它在花朵尚未开放时起着保护花蕾的作用；花冠位于花萼内方或上方，由若干花瓣组成，排成一轮或多轮，常具鲜艳色彩，兼具保护、吸引昆虫传粉的作用；雄蕊群是一朵花中所有雄蕊的总称，一个雄蕊由花丝和花药构成，花药中能产生花粉；雌蕊群是一朵花中所有雌蕊的总称，一个雌蕊由子房、花柱、柱头等部位构成，子房内有一至多室，每室含一至多个胚珠，每个胚珠内含有一个卵细胞。经传粉受精后，子房发育成果实，胚珠发育成种子。

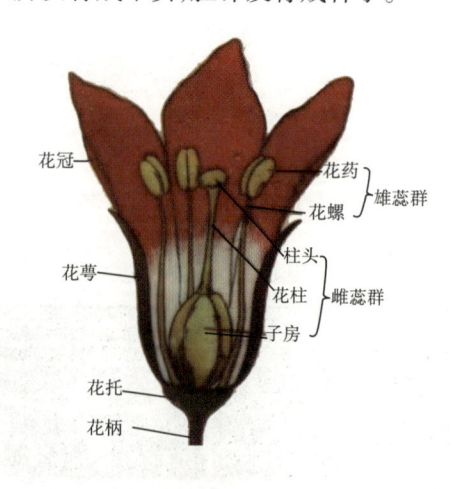

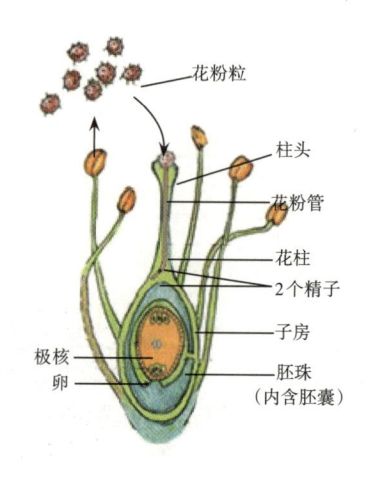

六、解锁密码——被子植物的种子

种子是被子植物特有的繁殖器官,由胚珠受精后形成,种子通常由种皮、胚乳和胚组成。种皮是种子的"铠甲",起着保护种子的作用。胚是种子最重要的部分,可以发育成植物的根、茎和叶。胚乳是种子集中养料的地方,不同植物的胚乳中所含养分各不相同。

(一)种皮

被子植物的种皮结构多种多样,如花生、桃、杏等,种皮结构简单,薄如纸状;小麦、玉米、水稻、莴苣的种子,果皮与种皮愈合;棉籽的表皮上有大量的表皮毛,就是棉纤维;番茄和石榴种子的种皮,外围组织或表皮细胞肉质化;荔枝、龙眼的种子可食部分与石榴不同,是由假种皮肉质化而成,假种皮是由珠柄组织凸起包围种子而形成。

(二)胚

胚是受精卵发育而来的,由胚根、胚芽、胚轴和子叶组成。其中胚芽发育成植物的茎和叶,胚根发育成植物的根,胚轴发育成连接植物的根和茎的部分,子叶为种子的发育提供营养。

(三)胚乳

胚乳由受精极核发育形成。绝大多数的被子植物在种子发育过程中都有胚乳形成,如蓖麻、禾本科植物的种子;但在成熟种子中有的种类不具有或只具有很少的胚乳,如蚕豆、慈姑的种子,这是由于它们的胚乳在发育过程中被胚分解吸收了。

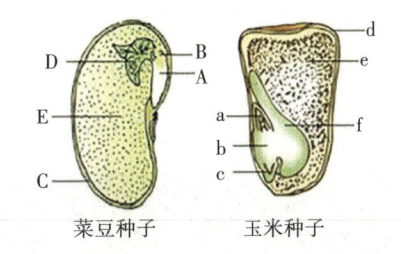

菜豆种子 玉米种子
A.胚根 B.胚轴 C.种皮 D.胚芽 E.子叶
a.胚芽 b.胚轴 c.胚根 d.种皮 e.胚乳 f.子叶

七、解锁密码——被子植物的果实

果实是被子植物特有的繁殖器官。被子植物的受精作用完成后,通常花被脱落,但也有些植物的花萼宿存于果实上,雄蕊和雌蕊的柱头、花柱枯萎,由子房或花的其他部分(如花托、萼片等)参与发育成果实。其中由受精后的子房发育而成的果实,称为"真果";由花托、花萼、花冠、花序轴等结构发育而成的果实,称为"假果"。果实可以对种子进行更好的保护,而且更有利于种子的传播。

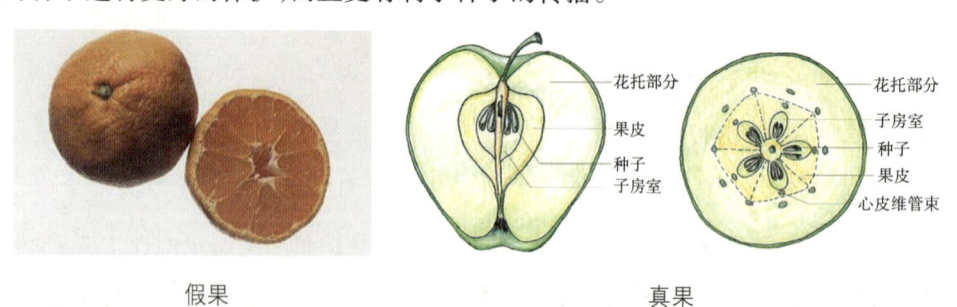

假果

真果

由于果实种类繁多,分类方法也是多种多样,根据果实的来源,可分为单果、聚合果、复果三大类。

(一)单果

一朵花中只有一个雌蕊发育成的果实称为单果,如枇杷等。

单果

(二)聚合果

由一朵花内若干离生心皮雌蕊聚生在花托上发育而成的果实,每一离生雌蕊形成一个单果,如草莓、八角。

(三)聚花果

由整个花序多朵花发育而成的果实,如桑葚、凤梨、无花果等。

桑葚

草莓

综上所述,我们可以感受到被子植物世界的形态是千变万化、纷繁复杂的,感兴趣的同学们,还有更多有趣的"密码"等待你去大自然中观察、解锁哦!

文创俱乐部

植物器官的橡皮章

请观察身边的植物,将自己感兴趣的植物器官画下来,制作成自己喜欢的橡皮章吧!

1. 准备材料:橡皮砖、刻刀、硫酸纸、2B铅笔、拨片、橡皮章素材;

2. 描图:把硫酸纸附在画好的图画上,用胶带固定好,然后把整个图描下来;

3. 转印:把刚才描的图反放在橡皮砖上,用拨片慢慢拨,一定要把每个地方都刮清楚;

4. 刻章:用刻刀将图案刻下来。

参考文献

[1] 毕海燕,徐景先,黄满荣.被子植物的繁盛与适应[J].大自然,2018(05):48-51.

[2] 夏振岱.与人类生活息息相关的被子植物[J].科学,2006(04):40-43.

第4节

走进缙云山被子植物世界
——重庆缙云山常见被子植物

缙云山，位于重庆市北碚区嘉陵江温塘峡畔，古名"巴山"，是7 000万年前"燕山运动"造就的"背斜"山岭。因山间长年云雾缭绕，色赤如霞，似雾非烟，磅礴郁积，加之古人称"赤多白少为缙"，故此得名。缙云山景色宜人，植物资源丰富，素有"北有缙云，南有石笋"之美誉，被称为国家级"森林氧吧"，现有植物1 966种，包括缙云四照花、缙云黄芩、缙云械、缙云秋海棠等模式植物。

被子植物是植物界最高级的一类，是地球上最完善、适应能力最强、出现得最晚的植物，占了植物界的半壁江山。缙云山上被子植物资源丰富，种类繁多，缙云黄芩、缙云秋海棠等都是被子植物，缙云山上还有哪些常见物种呢？接下来，我们就一起来看看植物王国——缙云山到底藏了哪些被子植物？

一、被子植物的概述

被子植物是当今世界植物界中进化最高、种类最多、分布最广、适应性最强的类群。现知全世界被子植物共有20多万种，占植物界总数的一半以上。中国已知的被子植物约2 700多属，3万余种。

被子植物与人类有着极为密切的关系，人类的大部分食物和营养来源于被子植物，不是直接地通过农作物或园艺作物，如谷类、豆类、薯类、瓜果和蔬菜等，就是间接地为牧场提供牲畜所需的饲料。被子植物还提供建筑、造纸、纺织和塑料制品、油料、纤维、食糖、香料、虫蜡、医药、树脂、鞣酸、麻醉剂、饮料等多得不可计数的原材料。

被子植物由于在种和个体数量上的优势而在覆盖陆地的植物组成中起着主要的作用，形成了作为自然环境景观的大部分植被，并且提供了为大多数陆生动物的生存所需的环境。人类还通过被子植物的栽培来改善生活环境，例如用于建筑庭院、公园、运动场地、街道绿化、住宅装饰等多个领域。

二、被子植物的主要特征

1. 孢子体发达。无颈卵器，其残余为卵器。被子植物的孢子体在形态、结构、生活型等方面，比其他种类植物更完善、多样化，适应能力更强。在形态上，既有高大的乔木，又有细小的草本。在生活史上，既有寿命长达几千年的龙血树，也有生命周期仅三周的沙漠植物。被子植物的输导组织更加完善，使得体内物质运输效率提高，适应能力增强。

2. 配子体退化。被子植物的雌雄配子体均不能独立生活，完全寄生在孢子体上。

3. 具有真正的花。典型的被子植物的花包括五部分：花柄、花托、花被、雄蕊群、雌蕊群。在长期自然选择和进化的过程中，花各部分的数目和形态发生了复杂变化，以适应虫媒、风媒、鸟媒和水媒传粉机制。

4. 具有双受精现象。花粉中的两个精子进入胚囊以后，一个与卵细胞结合形成2n的合子，发育成胚；另一个与两个极核结合形成3n染色体的合子，发育成胚乳。

5. 子房包藏胚珠并发育成果实，在保护种子和帮助种子散布方面起着重要作用。

三、缙云山上的常见被子植物

据《缙云植物志》记载，缙云山的被子植物有156科、782属、1 302种、16亚种、99变种、16变型。

（一）双子叶植物纲（木兰纲）

双子叶植物约占被子植物总数的四分之三，胚具有两片子叶，极少1、3或4片。主根发达，多为直根系。茎内维管束作环状排列，具有形成层。叶通常具有网状脉。花部通常5或4基数，极少3基数。花粉粒常常具有3个萌发孔。

1. 杜仲

落叶乔木，树皮可以入药。在清明至夏至间，选取生长15—20年以上的植株，采用局部剥皮法剥下树皮，刨去粗皮，晒干。得到的药材质脆、易折断，断面有银白色丝状物相连，细密，略有伸缩性。

2. 洒金桃叶珊瑚

又名"花叶青木",常绿灌木。叶革质,叶面光亮,具有黄色斑纹和斑点,像洒了很多金子一样,尤其是在雨后放晴以后,有闪闪发光的感觉,所以名字中带有"洒金"二字。常作观赏植物。

3. 异叶榕

落叶灌木或小乔木,别称"奶浆果"。树皮灰褐色,小枝红褐色,叶片接近叶柄处向内凹,形成"小蛮腰"。榕果和无花果相似,花很小,开在果实里面,需要特殊的昆虫才能帮它授粉,于是异叶榕和小瘿蜂共生,小瘿蜂进入异叶榕的果实中采蜜,同时帮助异叶榕授粉。

4. 构树

落叶乔木,树皮平滑,全株含乳汁,被称为"奶树"。构树最大的特点就是叶片形状多样,一棵树可以有多种形状的叶片。构树适应性强、分布广、易繁殖、热量高,韧皮纤维是造纸的高级原料,又被称为"钞票树"。根和种子可入药,树液可治皮肤病。

5.杠板归

一年生攀援草本。茎略呈方柱形,有棱角,棱角上有倒生钩刺。叶互生,有长柄,呈近等边三角形,下表面叶脉和叶柄均有倒生钩刺。地上部分可入药,清热解毒,利水消肿、止咳。

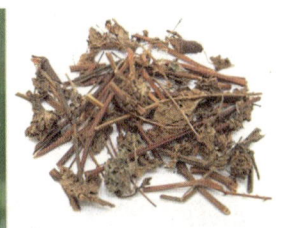

6.何首乌

多年生缠绕藤本植物,叶顶端渐尖,基部心形。块根肥厚,呈椭圆形,黑褐色,可补益精血、乌须发、强筋骨、补肝肾,是常见中药材。

7.鹅掌楸

高大乔木,树干挺直,树冠伞形,叶形奇特,呈马褂状,也有点像鹅掌,故名"鹅掌楸"。花朵呈杯状,像郁金香,被称为"树上的郁金香"。

8. 润楠

高大乔木,小枝黄褐色,叶椭圆状倒披针形,革质,上表面绿色,下表面有贴伏小柔毛。花很小,带绿色,果近似球形。润楠树干雄伟挺拔,出材率高,而且木材优良,为优良的特殊建筑用材。

9. 南天竹

也称"南天竺",因叶子有点像竹叶而得名。常绿小灌木,叶片在秋冬季呈红色,还会孕育鲜红色的小浆果,植株形态优越清雅,常被用于制作盆景或盆栽的装饰。

10. 十大功劳

灌木,叶边缘有多个刺齿,看上去有种生人勿近的感觉。花呈黄色,浆果球形,紫黑色,上面覆有白粉,看着像一串葡萄。

11. 四块瓦

多年生草本植物,花白色,叶坚纸质,宽椭圆形或倒卵形,通常4片生于茎顶,呈轮生状,像铺开的四块瓦片,故名"四块瓦"。

12. 四川大头茶

高大乔木，叶厚革质，椭圆形，边缘上半部有粗锯齿。花瓣白色，外侧有柔毛，雄蕊黄色，有绢毛。木材淡红色，材质细密，为建筑、家具良材。

13. 枫香树

高大落叶乔木，树皮灰褐色，会呈方块状剥落。叶薄革质，阔卵形，掌状3裂，边缘有锯齿。

14. 覆盆子

别名"树莓""山泡""牛奶母"。枝褐色或红褐色，疏生皮刺。小叶卵形或椭圆形，下表皮密被灰白色绒毛，边缘有不规则粗锯齿或重锯齿。果实近球形，多汁液，红色或橙黄色，密被短绒毛。

15. 棣棠花

　　落叶灌木,叶三角状卵形或卵圆形,边缘有尖锐重锯齿,下表面沿脉或脉腋有柔毛。花瓣黄色,宽椭圆形,顶端下凹。花期长,花量大,甚至会把枝条压弯,有高贵的寓意。

16. 双荚决明

　　直立灌木,叶倒卵形,膜质,总状花序常集成伞房花序状,花鲜黄色,荚果圆柱状,膜质,直或微曲。

(二)单子叶植物纲

　　单子叶植物约占被子植物总数的四分之一,胚内仅有一片子叶(有时胚不分化)。主根不发达,由多数不定根形成须根系。茎内维管束散生,无形成层,通常不能加粗。叶通常具有平行脉或弧状脉。花部通常3基数,极少4基数,绝无5基数。花粉粒只有单个萌发孔。

1. 卷丹

　　花下垂,花被片披针形,橙红色,有紫黑色斑点,常向外翻卷,故有"卷丹"美名。蒴果狭长卵形,长3—4厘米。

2. 麦冬

根较粗,茎很短,叶基生成丛,禾叶状,边缘具细锯齿。总状花序,有几朵至十几朵花,白色或淡紫色。种子球形,成熟后呈蓝色。

3. 蜘蛛抱蛋

多年生长常绿草本植物,根状茎近圆柱形,叶矩圆状披针形,边缘有皱波状。因绿色浆果的外形似蜘蛛卵,露出土面的地下根茎似蜘蛛,故名"蜘蛛抱蛋"。

4. 菝葜

攀援灌木,又被称为"金刚刺""金刚藤""铁棱角""山归来"。根状茎粗厚,坚硬,为不规则的块状。茎上长有刺,叶薄革质或坚纸质,圆形、卵形或其他形状。花绿黄色。

5. 花叶艳山姜

多年生草本,有发达的地上茎。叶长椭圆形,两端渐尖,有金黄色纵斑纹,十分艳丽。圆锥花序呈总状花序式,下垂,花白色,边缘黄色,顶端红色,具有浓郁的香气。

文创俱乐部

植物笔记本

将被子植物的根、茎、叶、种子等烘干后做成植物拼图,塑封,制作成笔记本封面。

具体步骤:

1. 采集被子植物的根、茎、叶等部位;
2. 将采集的植物标本夹在废报纸里面,捆扎在一起,放在烘干箱里面烘干;
3. 将烘干的植物标本进行拼图设计,可以粘在一张白纸上面;
4. 将做好的植物标本拼图塑封起来,用以制作笔记本的封面。

第5节

揭秘植物"活化石"
——裸子植物的分类

重庆缙云山国家级自然保护区内的植物资源十分丰富,部分植物起源古老,珍稀濒危植物品种多,是长江中上游地区典型的亚热带常绿阔叶林区和植物基因库。缙云山银杉、红豆杉是国家一级保护植物,也是裸子植物的典型代表。裸子植物出现于古生代,中生代最为繁盛,后来由于地势的变化,逐渐衰退。现今存活的裸子植物多为第三纪孑遗植物,被称为植物"活化石",这些植物对研究第四纪的气候变迁、植物的适应能力有很重要的学术价值。

一、裸子植物与人类的关系

你知道吗?我们常见的松、柏、银杏都是裸子植物。裸子植物的胚珠外面没有子房壁包被,不形成果皮,种子是裸露的,故称为裸子植物。裸子植物有真正的根、茎、叶,是高度适应陆地生活的一个植物类群,它们的受精作用不受外界水的限制。在造山运动频繁的二叠纪,裸子植物取代了蕨类植物,在中生代至新生代它们是遍布各大陆的主要植物。早期的标志性裸子植物为苏铁,晚期的标志性裸子植物为银杏和松柏。目前全世界生存的裸子植物有不少是非常古老的类群。

裸子植物是森林生态系统的重要组成部分,如南方马尾松、东北红松和落叶松、横断山脉的冷杉和云杉等裸子植物是温带和亚热带针叶林和针阔叶混交林的建群种或优势种,其对人类的生存环境发挥着重大的生态效益。除此以外,裸子植物还与经济建设、人类的日常生活有着密切联系。

裸子植物是重要的林木树种,是目前世界上主要的木材来源之一,在传统的林业生产中占有举足轻重的地位,如我国南方的杉木、马尾松和北方的红松、华山松等,在建筑、家具等行业被广泛使用。

裸子植物是重要的工业原料植物和庭院绿化树种。裸子植物是树脂、栲胶、芳香油等重要的工业原料植物，其木材纤维也被广泛运用于造纸行业。同时，很多种类的裸子植物树姿优美，在庭园栽培中可作为绿化和观赏树种。世界五大庭院树——雪松、南洋杉、金钱松、日本金松和巨杉都是裸子植物。此外，银杏、冷杉、水杉、柳杉、巨柏和攀枝花苏铁等也是优良的园林树种，给人类带来了美的享受。

裸子植物兼具药用、食用价值。草麻黄的茎、银杏的种子（白果）是传统药材。银杏叶近年来亦成为重要的制药原料。从红豆杉树皮中提取的紫杉醇，可用于癌症的治疗。此外，裸子植物还能给人类提供优质的休闲食物，如白果、香榧子、松子（红松或华山松的种子）等松脆可口、别具风味，深受人们的喜爱。

二、裸子植物的主要特征

（一）孢子体发达

裸子植物的孢子体特别发达，都是多年生木本植物，大多数为单轴分枝的高大乔木，枝条有长枝和短枝之分。茎的基本结构和被子植物双子叶木本茎大致相同，初生结构由表皮、皮层和维管柱三部分组成。其长期存在形成层，产生次生结构，使茎逐年加粗，并有明显的年轮。次生木质部主要由管胞、木薄壁细胞和木射线组成。除少数种类外，一般没有导管，无典型的木纤维。管胞兼具疏导水分和支持的双重作用。因木质部主要由管胞组成，所以木材结构比较均匀，但其次生木质部中也有早材和晚材、边材和心材之分。韧皮部由筛胞、韧皮薄壁细胞和韧皮射线组成，无筛管和伴胞，少数种类的次生韧皮部中有韧皮纤维和石细胞。有些种类在茎的皮层、韧皮部、木质部和髓中分布有树脂道，如松香、加拿大树胶等都是松柏类植物树脂道的分泌产物。

叶多为针形、条形或鳞形，极少数为扁平的阔叶；叶在长枝上呈螺旋状排列，在短枝上簇生枝顶；叶常有明显的、多条排列成浅色的气孔带。裸子植物的根系发达，主根强大。

（二）胚珠裸露

孢子叶大多数聚生成果球状称"孢子叶球"。孢子叶球单生或多个聚生成各种球序，通常都是单性，同株或异株；小孢子叶（雄蕊）聚生成小孢子叶球（雄球花），每个小孢子叶下面生有小孢子囊（花粉囊），囊内贮满小孢子（花粉粒）。大孢子叶（心皮）聚生成大孢子叶球（雌球花），胚珠裸露，不为大孢子叶所形成的心皮所包被，而被子植物的胚珠则被心皮所包被，这是两类植物的主要区别。

小孢子叶球　　　　　　　　　大孢子叶球

（三）配子体退化，具颈卵器构造

裸子植物的配子体完全寄生在孢子体上，除百岁兰属、买麻藤属外，大多数裸子植物保留有颈卵器。颈卵器结构简单。

（四）传粉时花粉直达胚珠

在被子植物中，花粉粒先到柱头后萌发，形成花粉管，然后到达胚珠。而裸子植物则不同，花粉粒由风力（少数例外）传播，并经珠孔直接进入胚珠，在珠心上萌发，形成花粉管，进达胚囊，使其内的精子与卵细胞结合。

三、裸子植物的分类

现代裸子植物约有800种，隶属于5个纲，即苏铁纲、银杏纲、松柏纲、红豆杉纲和买麻藤纲。

（一）苏铁纲

苏铁纲植物是原始的裸子植物，我国仅有苏铁属，约15种。攀枝花市的苏铁林是亚洲最大的野生苏铁林。苏铁又称铁树，柱状主干，常不分枝，顶端簇生羽状裂叶。雌雄异株，大、小孢子叶球分别着生于茎顶叶丛中。小孢子叶呈鳞片状，上面生有大量由3—5个小孢子囊组成的小孢子囊群。大孢子叶上部呈羽状分裂，下部呈狭长的柄，柄的两侧有2—6枚胚珠。

苏铁是被广泛种植的优美的观赏树种，茎内髓部富含淀粉，可供食用。种子含丰富的淀粉和油，可食用或入药，有治痢疾、止咳和止血之功效。

(二)银杏纲

银杏纲植物现仅存银杏一种。银杏为落叶乔木,树干高大,枝分顶生营养性长枝和侧生生殖性短枝。叶扇形,二叉状叶脉。雌雄异株。小孢子叶球呈柔荑花序,生于短枝顶端。小孢子叶有一短柄,柄端有由两个小孢子囊组成的悬垂的小孢子囊群。大孢子叶球有一长柄,柄端分有两叉,叉端各有一胚珠,胚珠基部由珠领包围,常只有1个胚珠成熟。种子成熟时呈黄色,具有3层种皮:外种皮肉质、中种皮骨质、内种皮纸质。胚有2枚子叶,胚乳肉质。

银杏

银杏为我国特产,是著名的孑遗植物,世界各地均有栽培,我国的资源拥有量占世界第一。银杏木材优良,可供建筑、雕刻、家具等用材。种仁(白果)供食用(多食易中毒)及药用,入药有润肺、止咳、缩尿等功效。叶供药用,近年来被开发作为心脑血管疾病和保健饮品的原料,也是很好的自由基清除剂。

(三)松柏纲

松柏纲植物是现代裸子植物中数目最多、分布最广的类群,含松科、柏科、杉科和南洋杉科4个科,约44属400余种。我国是松柏植物最丰富的国家,也是松柏纲植物最古老的起源地,并富有特有的属、种和第三季孑遗植物,有3科,23属,约150种,为国产裸子植物中种类最多、经济价值最大的一个纲,几乎遍布全国。

1.松科

松科植物为乔木、稀灌木,大多数常绿。叶条形或针形:条形叶扁平,稀呈四棱形,在长枝上螺旋散生,在短枝上簇生;针形也常2—5针成束,着生于极度退化的短枝顶端,基部包有叶鞘。孢子叶球单性同株,小孢子叶球具有多数螺旋状着生的小孢子叶,每个小孢子叶有2个小孢子囊,小孢子多数具有气囊;大孢子叶球,由多数螺旋状着生的珠鳞和苞鳞所组成,每珠鳞的腹面(上面)具有2枚倒生的胚珠,背面(下面)的苞鳞和珠鳞分离(仅基部结合),开花后珠鳞增大发育成种鳞。球果直立或下垂。种子通常有翅,胚具2—16枚子叶。

黄山松　　　　　　　　　　　　　雪松

松科是松柏纲中最大而且具有较高经济价值的一科,我国有10属(松属、雪松属、冷杉属、云杉属、银杉属、落叶松属、金钱松属、油杉属、黄杉属、铁杉属),113种(包括引种栽培的24种),分布于全国,绝大多数是森林树种和用材树种,许多还是特有属和孑遗植物。

2. 杉科

杉科植物为乔木。叶螺旋状排列,孢子叶球单性同株,小孢子叶及珠鳞螺旋状排列(仅水杉的叶和小孢子叶、珠鳞对生),花粉囊多于2个(通常3—4个),花粉无气囊,珠鳞与苞鳞多为半合生(仅顶端分离),珠鳞的腹面基部有2—9枚胚珠。球果当年成熟,能育种鳞有2—9粒种子,种子周围或两侧有窄翅。

杉科植物我国产5属(杉木属、柳杉属、水松属、落叶杉属、水杉属),引入栽培4属,分布于长江流域及秦岭以南各省区。

杉木　　　　　　　　　　　　　水杉

3.柏科

柏科植物为常绿乔木或灌木。叶交互对生或轮生,稀螺旋状着生,鳞形或刺形,或同一树上兼有两型叶。孢子叶球单性,同株或异株。小孢子叶相互对生,小孢子囊常多于2个,小孢子无气囊。珠鳞交叉对生或3—4片轮生,珠鳞腹面基部有一枚至多枚直立胚珠,苞鳞与珠鳞完全合生。球果通常为圆球形,种鳞盾形,木质或肉质,熟时张开或肉质合生呈浆果状。种子两侧具有窄翅或无翅,或上端有一长一短的翅。

侧柏

翠柏

柏科植物我国产8属(侧柏属、柏木属、圆柏属、刺柏属等),分布全国。

小结(请读者自己完成)

松、杉、柏三科的区别

	松科	杉科	柏科
叶形			
叶排列			
小孢子			

续表

	松科	杉科	柏科
小孢子叶具小孢子囊数目			
珠鳞与苞鳞的关系			
珠鳞排列方式			
种鳞			

(四)红豆杉纲

红豆杉纲植物为常绿乔木或灌木,多分枝。叶为条形、披针形、鳞形等。孢子叶球单性异株,稀同株。胚珠着生于盘状或漏斗状的珠托上,或包于囊状或杯状的套被中。种子具有肉质的假种皮或外种皮。红豆杉纲植物有3科,即红豆杉科、罗汉松科和三尖杉科。

红豆杉纲典型植物特征		
科	典型植物	特征
红豆杉科	红豆杉	特产于我国,为孑遗植物,国家一级保护植物。红豆杉种子呈坚果状,外种皮骨质,内种皮膜质;种子生于红色杯状的由珠托发育成的假种皮内
红豆杉科	穗花杉	常绿小乔木或灌木,号称"冰川元老",是世界稀有的珍贵植物。叶面光滑发亮,对生,线状披针形,叶背有两条白色的气孔带。雌雄异株,雄球花交互对生,排成穗状,生于枝顶。雌球花生于当年生枝的叶腋或苞腋。成熟时假种皮鲜红色,基部具有宿存的苞片
罗汉松科	罗汉松	小孢子叶呈穗状,每个小孢子叶生有2个花粉囊,花粉有气囊。套被与珠被合生,然后肉质化成假种皮,苞片发育为肉质种托
罗汉松科	竹柏	活化石,叶片革质,无中脉
三尖杉科	三尖杉	小孢子叶球聚生成头状,花粉球形,无气囊。大孢子叶变态为囊状珠托,种子核果状,全部包于珠托发育而来的肉质假种皮中
三尖杉科	粗榧	第三纪孑遗植物,与三尖杉一样都是我国特有的树种

(五)买麻藤纲

买麻藤纲又称"盖子植物纲",多灌木。次生木质部常具导管,无树脂道。叶对生或轮生,叶片膜质鞘状、阔叶或为肉质带状叶。孢子叶球单性,或有两性的痕迹,孢子叶球有类似于花被的盖被,也称"假花被",盖被膜质、革质或肉质;成熟大孢子叶球呈球果状、浆果状或穗状。种子包于由盖被发育而成的假种皮中,种皮1—2层,胚乳丰富。

买麻藤纲植物共有3科,3属,80余种。我国有2科,2属,19种买麻藤纲植物,即麻黄属和买麻藤属,分布几乎遍布全国。这些植物起源于新生代。茎内次生木质部有导管,孢子叶球有盖被,胚珠包裹于盖被内,许多种类有多核胚囊而无颈卵器,这些特征是裸子植物中最进化类群的性状。

文创俱乐部

"银杏"主题文创产品开发设计

银杏是生活中随处可见的典型裸子植物,它是中生代孑遗的稀有树种,为我国特产,目前种植范围广,资源综合利用价值高。请同学们围绕银杏开发设计文创产品,如银杏叶创意书签、银杏叶创意花束、银杏叶创意画等。

第6节

探索"自然宝藏"
——缙云山常见植物

研究和认识缙云山的常见植物,才能更好地保护物种多样性,开发植被的潜在价值。

一、缙云山模式植物

缙云山的模式植物具有很高的研究价值,首先让我们一起来认识一下它们。

1. 灰脉复叶耳蕨

蕨类植物门,薄囊蕨纲,水龙骨目,鳞毛蕨科,复叶耳蕨属的植物。

孢子囊

植株高可达65厘米。叶柄禾秆色,基部密被棕色、卵状披针形鳞片,向上近光滑。孢子囊群生于裂片基部,每裂片1—2枚(基部裂片2—3枚),在中脉两侧各排列成1行或不整齐2行,囊群盖棕色、纸质、脱落。灰脉复叶耳蕨生长在竹林下水边,海拔650—1 400米,分布在重庆和云南(绥江)。

2. 北碚榕（缙云山特有植物）

桑科，榕属的植物。

高大常绿乔木，小枝无毛，叶纸质，椭圆形或长圆形。表面深绿色，背面绿白色，密被微点状的钟乳体。雌花具柄，雄花近无柄，花序为隐头花序，花分为雌花、雄花和瘿花三类，子房近球形，花柱短凹。榕果梨形，生于老茎发出的无叶枝上，下垂。2015年，北碚榕被列入《重庆市重点保护野生植物名录（第一批）》。其分布区域为中国重庆市北碚区，现仅有5株，1雄4雌。

3. 缙云四照花

山茱萸科，四照花属的植物。

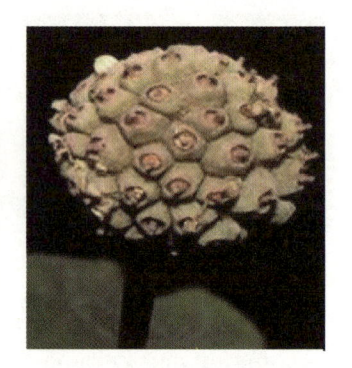

常绿小乔木，高可达7米。幼枝纤细，密被褐色长柔毛，老枝灰褐色或褐色，有皮孔。花序下总苞片较小，花萼裂片钝或截形，有时有凹缺，两侧常被褐色短柔毛。果序球形，紫红色，果序梗细长。其生于海拔750米左右的森林中，分布范围为四川、贵州。

4. 缙云卫矛

卫矛科，卫矛属的植物。

聚伞花序　　蒴果

常绿小灌木,高约1米。小枝方形具4条窄棱,绿色,上有细密小疣点状皮孔。叶薄革质,倒卵形、窄长倒卵或椭圆形至窄椭圆形。聚伞花序腋生,3花,花序梗长1—2厘米。小苞片线状锥形,长2—3毫米。花黑紫色,直径约1厘米。萼片近圆形,与花盘近等大。蒴果5裂至果体近半处,有时仅3—4心皮发育,每室有1—2粒种子。果梗细,较花时极少增长增粗;花期10—11月,果期5—8月。

缙云卫矛分布于中国四川、重庆(北碚、南川),生长于山坡路边树荫下,它是重庆模式标本植物的典型代表。

5.缙云紫珠

马鞭草科,紫珠属的植物。

聚伞花序

灌木,高约2米。小枝圆柱形,紫褐色,具垢状星状毛,并有明显皮孔。叶片长圆状椭圆形或倒卵状长椭圆形,表面具短硬毛,粗糙,背面被灰棕色星状毛边缘具规则的细锯齿,叶柄长约0.6厘米。聚伞花序团集于叶腋,苞片细小,长约2毫米,花萼杯状,长约1.5毫米,具稠密的星状毛,花冠长约3毫米,稍有星状毛,雄蕊长约4毫米,花药长圆形,长约1.2毫米,药室纵裂,子房具稠密的星状毛,花柱略长于雄蕊,花期5月。主要分布于四川、重庆。

6.缙云冬青(缙云山特有植物)

冬青科,冬青属的植物。

常绿乔木,高可达6米。当年生幼枝具纵棱脊和槽,疏被微柔毛或近无毛,二年生以上枝条圆柱形,光滑无毛,具皮孔。叶片革质,长圆形或倒卵状椭圆形,叶面深绿色,具光泽,背面淡绿色,两面无毛,托叶三角形,小,花不详。果3—4个簇生于叶腋,稀单生,果梗长6—7毫米,被微柔毛,果实球形,直径4—5毫米,成熟时红色,基部具4—5裂的宿存花萼,裂片三角形,被微柔毛,顶端的宿存柱头头状或乳头状,果期11月。其生长于海拔750米的山地常绿阔叶林中。

二、缙云山其他常见植物

缙云山除了模式植物以外,还有非常丰富的植物种类,以下通过图片为大家介绍几种常见植物,关于植物的更多信息,大家可以通过在网上查阅资料进一步了解。

中文名	图片	中文名	图片
菝葜		冷水花	
常春藤		三叶崖爬藤	

续表

中文名	图片	中文名	图片
淡竹叶		肾蕨	
杜仲		十大功劳	
猴欢喜		粗糠柴	
鹅掌楸		紫鸭趾草	
寒莓		吉祥草	
虎杖		绞股蓝	

缙云山的植物种类远不止于此,同学们可以利用课余时间去缙云山实地勘察,认识更多的植物。

文创俱乐部

叶脉书签

秋叶的美丽稍纵即逝,如何才能将它们长久地保存呢?那就和我们一起动手制作叶脉书签吧!

制作步骤:

1. 选择叶脉粗壮而密的树叶,如茶树叶;

2. 用10%的氢氧化钠溶液煮叶片。将碱液煮沸后放入适量洗净的叶子,并用筷子轻轻拨动叶子,防止叶片叠压,使其均匀受热;

3. 去掉叶肉:将煮后的叶子放在玻璃板上,用牙刷在叶面上轻轻擦拭,然后在水龙头下面冲洗,继续擦拭,直到将叶肉全部去掉;

4. 将叶脉放入双氧水中浸泡24小时,以达到漂白效果;

5. 晾干后染上喜欢的颜色,系上丝带。

参考文献

[1] 张仁波,窦全丽,何平,等.濒危植物缙云卫矛繁育系统研究[J].广西植物,2006(03):308-312.

第7节

野外活动安全指南

虽然野外活动并不需要特别的技巧，但如果有适当的训练和准备将有助于应对大自然多端的变化，减少意外的发生。因此，我们也提供了安全指引和紧急事故应变措施，帮助野外出行的你减少意外的发生。

一、带队教师篇

出行前，带队教师要对每条线路做好详细的行程安排，并指定中途出现意外后的下撤线路。

1. 如线路难度高、参加人数多，适当考虑增加带队教师。
2. 密切留意学生的体力情况，发现有状态不佳者时，应派专人予以照顾，确保无人离群。
3. 留意周围环境的变化，事先收听电台天气预报和新闻报道，以便尽早采取应变措施，缩短或取消计划行程。
4. 如遇紧急事故或天气突变而未能按时回程，应设法通知参加者的家人或由联络人代为转达。
5. 切勿随意更改既定路线或尝试行走杂草丛生的捷径，带队教师不得随意冒险。
6. 对于学生的个人冒险行为要坚决予以制止。

二、学生篇

(一)出发

学生出发前一晚必须充分休息，出发前吃一顿丰富而有营养的早餐，以便有充足体力持久步行,减少意外受伤的可能性。

(二)途中

1. 提前汇报自己的身体状况,如有过敏或特殊疾病要提前报备。
2. 切勿脱队单独行动,坚决反对个人冒险行为。
3. 切勿采摘野生果实食用或在不确定的水源取水直接饮用(紧急情况下除外)。
4. 切勿在非指定地点生火,引起山火属违法行为。
5. 一切行动依从带队教师的决定和指示。

三、装备篇

1. 穿着有护踝及鞋底有凸纹的防滑登山鞋。
2. 穿着适合远足用的衣服和鞋袜,避免短衣短裤。戴好帽子,夏天遮阳,冬天保暖。
3. 手机是最为快捷的求助工具,但应注意其服务信号覆盖范围,在某些山岭间特别是山谷内往往没有信号。此外,也要注意节省手机的电量。
4. 随身物品:地图、指南针、水、食物、头灯(手电筒)、备用电池、雨具、收音机、急救药箱、哨子、手机、记事簿和笔等。

防滑登山鞋 　　　　　　野外随身物品

四、意外事件的处理

(一)山火

1. 小心火种,尤其是在山火蔓延速度极快的干燥天气下。
2. 不可在非指定的区域生火煮食,避免吸烟。建议使用有少量水剩余的轻便塑料水瓶,以收纳烟蒂和使用后的火柴,避免遗留火星。

3.警惕火烟味和不知来源的灰烟,这可能是山火发生的标志。

4.发生山火时,应该立即迅速远离,切勿随便试图扑灭山火。

5.如山火发生,注意以下情况,以便迅速离开火场。

(1)山火的蔓延方向,避免跟山火蔓延的同一方向重合。

(2)附近小径的斜度,选较易逃走的小径。

(3)附近植物的高度及密度,选择植被稀少的地方。

(4)若山火迫在眉睫又无路可逃,则应以衣物包掩外露皮肤逃进已焚烧过的地方,这样可减少身体受伤的机会。如情况许可,切勿往山上走,因为会消耗大量体力。

(二)山洪暴发

不应低估山洪暴发的威力和速度。由于上游降下大雨,雨水会集涌而下,小溪的流水往往数分钟内演变为巨大山洪,如游人刚好在溪中,极易被洪水冲走,引致伤亡。

1.除非是有准备的溯溪活动,否则不要沿溪涧、河道行动。

2.夏天雨季或暴雨后切勿涉足溪涧。

3.不要在河道逗留,尤其是下游河道。

4.下雨后应迅速离开河道,往两岸高地走。

5.切勿尝试越过已被河水盖过的桥梁。

6.发现流水湍急,混浊及夹杂沙泥时,是山洪暴发的先兆,应迅速远离河道。

7.如果不幸掉进湍急的河水里,应抱紧或抓紧岸边的石块、树干或藤蔓,设法爬回岸边或等候同伴救援。

(三)山体塌方

暴雨后,天然或人工斜坡渗进大量雨水后,极易引致山泥倾泻,引发山体塌方。

1.斜坡底部或疏水孔有大量泥水透出时,显示斜坡内的水分已饱和,斜坡中段或顶部有裂纹,露出新鲜的泥土,这是山泥倾泻的先兆,应尽快远离这些斜坡。

2.如遇山泥倾泻阻路,切勿尝试踏上浮泥前进,应立刻后退,另寻安全小径继续行程或中止行程。

山体塌方

3.如有人被山泥淹没,切勿随便尝试救援,以避免更多人伤亡,应立刻通知有关部门准备适当工具进行救援。

(四)雷击

雷电通常会击中最高的物体尖端,然后沿着电阻最小的路线传到地上。远足者如遭电击,大多会肌肉痉挛、烧伤、窒息和心脏停止跳动。

1.留意电台或电视的天气预报。避免在天气状况不佳时远足,在雷暴警告生效时更不宜出门。

2.在户外,应穿着胶底鞋。

3.切勿接触潮湿的物体。

4.切勿站立于山顶上或接近导电性高的物体。树木或桅杆容易被闪电击中,应尽量远离。

5.闪电击中物体之后,电流会经地面传开,因此不要躺在地上,潮湿的地面尤其危险,应该蹲着并尽量减少与地面接触的面积。

6.远离铁栏或其他金属物体,身上的金属物品如首饰等应暂时取下。

7.在可能的情况下,躲入建筑物内。

8.切勿游泳或从事其他水上运动,应离开水面找寻地方躲避。

9.避免使用带有插头的电器。

10.切勿接触天线、水管、铁丝网或其他类似金属装置。

11.切勿处理以开口容器盛载的易燃物品。

12.应提防强劲阵风吹袭。

(五)迷路

在天气不佳或准备不足的情况下最容易引致迷途。选择有明确路标的山径,并在出发前详细规划行程,减少意外的发生。

1.选择有明确路标的山径,出发前认真规划行程。

2.应留意当天的天气预报,避免在天气情况不佳时进行远足。

3.谨记携带必需物品,例如地图、指南针、水、食物、头灯(手电筒)、雨具、收音机、急救药箱、哨子、手机、记事簿和笔等。

4.若决定继续前进,寻路时应在每一个路口留下标记。

5.如未能辨认位置,应往高地走,居高临下较易辨认方向,也容易被救援人员发现。切忌走向山涧深谷,身处深谷不易辨认方向,向下走虽容易,但下山危险性高,要再折回高地也困难,以致消耗大量体力。

(六)中暑

环境温度过高时,中暑者可能会晕眩、反胃甚至昏迷,常伴有呼吸和脉搏加速,体温可能升至40摄氏度以上。应尽快降低患者的体温及寻求医疗援助。

1. 让患者躺在阴凉处,脱掉衣物,双足翘起。若患者是清醒的,便给其摄取流质饮品,另不要让人群阻碍空气流通。

2. 如有必要可加用浸水、敷湿衣及吹风等能迅速降低体温的方法,直至症状消失为止。

3. 继续补充水分及马上求救以便得到及早救治。

4. 如果患者大量流汗、抽筋,可在水中加盐,每100毫升水加0.9克盐。

(七)蛇咬

大多数蛇都非常怕人,除非它们认为受到威胁,否则一般不会主动攻击人类,只要给予机会,它们多数会逃走。

1. 应穿长裤和高帮鞋。

2. 沿现成的小径行走,切勿走草丛和杂树林。

3. 遇蛇时,保持镇定不动,让受惊的蛇尽快逃走。蛇的视力很好,受到刺激时,多数会立刻反击。

4. 如被蛇咬后,应注意:

(1)除非专业人士,否则不要割开伤口吸吮或洗涤。应该让伤者躺下,但不要抬高伤处。不可喝酒,也不应进行不必要的活动。如果带有蛇药,应尽快内服外用。

(2)在可能的情况下,用绷带绑扎伤口以上的部位。如伤口在手脚,可用宽阔的绷带包裹伤口以上的部位。

(3)尽快到医院求治。如有可能的话,辨别毒蛇的种类、颜色和斑纹,如咬人的蛇已被捕捉,应一并送往医院,以便医护人员辨认后使用适合的血清。

(八)危险植物

山野间有些植物会对远足者构成危险。例如:漆树——令皮肤过敏;两面针——刺伤手脚;野菇、野果——有毒,进食会致命。

漆树，高大落叶乔木，树皮灰白色、粗糙，呈不规则纵裂，具圆形或心形的大叶痕和突起的皮孔。叶片呈奇数羽状复叶互生，螺旋状排列。对生漆过敏者皮肤接触即引起红肿、痒痛，误食引起强烈刺激，如口腔炎、溃疡、呕吐、腹泻，严重者可发生中毒性肾病。

两面针，芸香科植物，木质藤本，单数羽状复叶，因着生钩状皮刺，易刺伤皮肤。

毒蘑菇，也称"毒蕈"。人们常认为蘑菇鲜艳则为有毒，但其实不然，例如白毒伞就是世界上毒性最强的大型真菌之一，也是近年来国内多起毒蘑菇致死事件的元凶。50克新鲜的白毒伞，就足以杀死一个成年人。

"毁灭天使"白毒伞

因此，我们要提高警惕。要避免野外危险植物对我们伤害就要注意以下事项：

1.避免走入生长茂密的丛林中。

2.应戴上手套。

3.穿过丛林时,用毛巾或衣物包裹头面或外露的皮肤。

4.切勿用手接触漆树。接触漆树,引起皮肤敏感时,应立刻求医诊治。

5.用手抓植物时,留意是否有针刺。

6.不可随便采摘野菇或野果食用。误食野菇或野果中毒,应立即求医诊治。

五、野外求救与营救

1.遇到有人在山野严重受伤时,应立即进行救援。

2.为避免延误救援工作,前往求救的人员应将意外的详情、地点及伤者状况用纸笔记录,如有可能,记下地图坐标,降低求救者因紧张、迷途受困或口头传讯含糊不清致求救讯息不能准确传达的可能性。

3.如登山遇有意外而需救援,求救时要尽量提供下列数据:

(1)意外性质、肇事原因。

(2)肇事时间、地点。

(3)附近地形或特别参照物。

(4)伤者数据,包括姓名、年龄、性别、电话、地址。

(5)伤势情况。

(6)已进行的施救。

(7)天气情况。

4.在一分钟内,连续发出6次长信号,停顿一分钟后,重复同样信号,不要中断,直至有救援人员到达为止。

5.发出信号的方法:

(1)吹哨子。

(2)用镜子或金属片发出光。

(3)夜间用电筒发出闪光。

(4)挥动颜色鲜艳明亮的衣物。

6.SOS求救信号。在可能的情况下,在平坦的空地上用石块或树枝堆砌"SOS"大字母,越醒目越好。

文创俱乐部

野外安全知识的手绘鼠标垫

本节文创产品做的是定制鼠标垫。在学生学习本节后,鼓励他们通过手绘卡通图的方式巩固知识,在鼠标垫上绘画,颜料可以采用丙烯颜料或者其他纺织颜料。

丙烯颜料　　　　　　　　　　素色鼠标垫

参考文献

[1]梁宇. 来自植物的毒素(二)[J].百科知识,2008(11):16-17.
[2]韦嘉武. 路边的野菇你不要采[J].农业知识,2005(20):55.

第8节

校园里的绿野仙踪
——校园植物的认识与分类

　　西南大学附属中学校为首批国家级绿色学校，位于嘉陵江畔，校内有多处天然生态园，地处重庆市北碚区，这里有得天独厚的一山、一江、一馆的校外天然资源，也有大学附中所特有的丰厚的大学资源，是研究生命现象和生命活动规律的极佳场所。

　　身处这样的自然教学环境中，学生无处不体会着大自然的美，我校接连开展过西大附中水培植物摄影展、生物科技宣传室、学生自制标本工作室、学生自制标本陈列展览室和生物科学知识学习廊等活动，充满童趣，形式多样。

　　本活动希望能够在实践中帮助学生巩固生物学知识，提升学生对大自然的审美意识，通过文创产品的制作，丰富学生表现自然之美的途径，鼓励学生大胆将自己的想法和感情融入生物学科的学习之中。接下来，让我们来看看附中校园里到底藏了哪些奇妙的植物呢？

一、校园路线概述

西南大学附属中学校园平面图

本次活动的观察路线如下，起点为凌江园，先以凌江园为中心观察园内植物，再沿勤朴楼周围的梯间小路到达百汇园，沿着致远路一直前进，途经博雅楼、红楼、师训中心，最后在锦珏园附近结束。

二、调查方法

沿着调查路线记录植物的种类，采集标本，结合《中国高等植物图鉴》等文献进行实地考察、鉴别和分类。

三、绿野仙踪之旅

1.法国梧桐（三球悬铃木）

法国梧桐，悬铃木科，又名"三球悬铃木""裂叶悬铃木""鸠摩罗什树"。落叶大乔木，高可达30米，有细小皮孔，是世界著名的优良庭荫树和行道树，有"行道树之王"之称。

其树冠挺拔开阔，主干树皮灰褐色至灰白色，呈薄片状剥落。叶掌状5—7裂，深裂达中部，裂片长大于宽，掌状脉。多数坚果球形，3—6球成一串，刺毛状，果柄长而下垂。

校园内的法国梧桐实拍图（位于凌江园）

灰褐色主干树皮

刺毛状球形果

2. 香樟

常绿大乔木,高可达30米,直径可达3米。枝、叶及木材均有樟脑气味。树皮黄褐色,有不规则的纵裂。枝条淡褐色,无毛。叶互生,卵状椭圆形。

香樟冠大荫浓,树姿雄伟,有很强的吸烟滞尘、涵养水源、固土防沙和美化环境的能力,是城市绿化的优良树种。木材及根、枝、叶可提取樟脑和樟油,有祛风散寒、强心镇痉和杀虫等功能。木材又为造船、橱箱和建筑等用材。果实很小,多为圆球形,果皮呈棕或紫黑色,内含有种子,加工后可作为药材入药,可治疗胃寒、腹痛等多种症状。

校园内的香樟树实拍图(位于凌江园)

圆球形紫黑色果

卵状椭圆形叶片

3. 花叶冷水花

花叶冷水花为多年生草本或半灌木,无毛,具匍匐根茎。叶多汁,干时变纸质,倒卵形,深绿色,中央有2条间断的白斑。不同于可作药用的疣果冷水花和透茎冷水花,花叶冷水花常作观赏植物。

校园内的花叶冷水花实拍图（位于校园各处行道旁）

4.荷花玉兰

荷花玉兰是常绿乔木，高可达30米。树皮淡褐色或灰色，薄鳞片状开裂。小枝粗壮，具横隔的髓心。密被褐色或灰褐色短绒毛（幼树的叶下面无毛）。叶厚革质，椭圆形，长圆状椭圆形或倒卵状椭圆形，先端钝或短钝尖，叶面深绿有光泽。

花白色，有芳香，直径15—20厘米。花厚肉质，倒卵形，雄蕊花丝扁平，紫色，雌蕊群椭圆体形，密被长绒毛。

校园内的荷花玉兰实拍图（位于勤朴楼梯间小路）

革质椭圆形叶片

肉质倒卵形花

5.天竺桂

天竺桂是樟科樟属植物,常绿乔木。枝条细弱,圆柱形,叶无毛,红色或红褐色,具香气。叶近对生或在枝条上部者互生,卵圆状长圆形至长圆状披针形。圆锥花序腋生,末端为3—5花的聚伞花序,花序无毛。花被筒倒锥形,短小,卵圆形,先端锐尖,外面无毛,内面被柔毛。

校园内的天竺桂实拍图(位于百汇园)　　　　聚伞花序

6.日本珊瑚树

日本珊瑚树是五福花科荚蒾属植物,常绿灌木或小乔木,高可达10米左右。树冠倒卵形,枝干挺直,树皮灰褐色,具有圆形皮孔。叶对生,表面暗绿色,常年苍翠欲滴。圆锥花序通常生于具两对叶的幼枝顶。果核通常倒卵圆形至倒卵状椭圆形。

日本珊瑚树是一种很理想的园林绿化树种,因对煤烟和有毒气体具有较强的抗性和吸收能力,尤其适合于城市作绿篱或园景丛植。

校园内的日本珊瑚树实拍图(位于致远路)　　　　对生暗绿色叶片

7.红花檵木

红花檵木,又名"红继木""红檵花""红花继木",常绿灌木或小乔木。树皮暗灰或浅灰褐色,多分枝。嫩枝红褐色,密被星状毛。叶革质互生,卵圆形或椭圆形,长2—

5厘米,先端短尖,基部圆而偏斜,不对称,两面均有星状毛,全缘,暗红色。花瓣4枚,紫红色线形。

校园内的红花檵木实拍图(位于百汇园)

紫红色线性花

红花檵木整体观

8.小琴丝竹

小琴丝竹是禾本科簕竹属灌木或乔木状竹类植物,竿高可达7米,尾梢近直或略弯,下部挺直,绿色,竿壁稍薄,节处稍隆起,无毛,竿和分枝的节间黄色,具不同宽度的绿色纵条纹,竿箨新鲜时绿色,具黄白色纵条纹。箨鞘呈梯形,背面无毛,箨片直立,狭三角形,叶鞘无毛,叶耳肾形,叶舌圆拱形,叶片线形,上表面无毛,下表面粉绿而密被短柔毛。

校园内的小琴丝竹实拍图(位于致远路)

叶与竿近观

9.八角金盘

八角金盘,常绿灌木或小乔木,高可达5米。其叶片掌状,裂叶约8片,因看似有8个角而得名。其叶丛四季油光青翠,叶片像一只只绿色的手掌。茎光滑无刺。叶片大,革质,近圆形,掌状7—9深裂,先端短渐尖,基部心形,边缘有疏离粗锯齿。果实近球形,直径5毫米,熟时黑色。其性耐阴,在园林中常种植于假山边上或大树旁边,还能作为观叶植物用于室内、厅堂及会场陈设。

校园内的八角金盘实拍图(位于致远路)　　　球形果实

10. 鱼尾葵

鱼尾葵,棕榈科鱼尾葵属植物。高大乔木,高可达15米。叶大型,羽状二回全裂,叶片厚,革质,大而粗壮,上部有不规则齿状缺刻,先端下垂,酷似鱼尾。

花序最长的可达3米,花3朵簇生,花期7月,肉穗花序下垂,小花黄色。果球型,成熟后紫红色,果实、浆液与皮肤接触能导致皮肤瘙痒。

校园内的鱼尾葵实拍图(位于致远路)　　　羽状二回全裂叶片

文创俱乐部

植物滴胶手工餐垫的制作

在亲近大自然的过程中,让学生保存喜欢的植物,裁剪为干净的根、茎、叶,加入滴胶模具进行制作,最终成品为实用美观的餐具托盘,以下为具体步骤:

1. 保存植物。将植物的根、茎、叶、种子等烘干后保存;

2.调胶：环氧树脂超清水晶胶，按照A胶30克，B胶10克的比例先后混合，顺着一个方向搅拌均匀到没有拉丝、透明如水为止；

3.调好胶后倒入模具内，也可按照审美加入色精闪粉或其他填充物；

4.等滴胶固化后脱模，常温24小时，冬季48小时。

注意事项：

1.制作时请戴上手套，如产品接触到皮肤，请用抹布或者纸巾擦干净后再用水冲洗，如不慎入眼，请马上用大量水冲洗，并立即就医；

2.A胶、B胶需避光保存，室内常温保质期为6个月；

3.A胶、B胶混合会产生热量，建议制作大物件滴胶制品时分层制作。

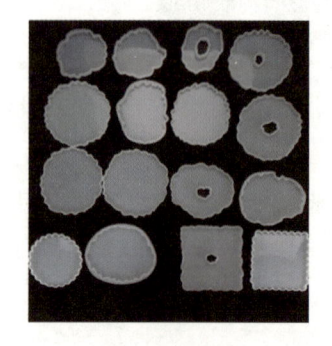

异形不规则模具　　　　　　　　制作完成的植物滴胶手工餐垫示例

第9节

相逢何必不相识
——如何借助手机和手册独立探索

身边的植物无声无息地陪伴着我们，带给我们美的享受，你能说出它们的名字吗？认识植物的方式有很多，我们随时都可以通过查阅手册或者通过手机检索植物的名称及相关信息。下面就让我们一起来学习具体的操作方法吧！

一、借助手机检索

目前用于手机检索植物的APP有很多，下面介绍两种使用频率较高的。

（一）"花伴侣"APP

使用方法：

1.通过"应用市场"下载安装"花伴侣"APP，进入主界面后，点击下方中间的【识花】按钮。

2.打开摄像头直接拍摄植物，也可以从相册中选择植物照片（拍摄时尽量拍摄到植物的花或者果实，能增大辨别的准确度）。

3.出现识别结果，点击植物名称查看详情。

（二）"形色"APP

使用方法：

1.通过"应用市场"下载安装"形色"APP，点击【相机】按钮，拍摄植物或者从相册中选择植物的照片。

2.调整照片位置，将清晰的花朵或者叶片放到正中间，点击"√"。

3.出现识别结果，点击查看详情，在详情中即可以找到植物的学名和拉丁名以及形态等详细介绍。

注意：植物识别APP检索结果不一定准确，所以我们还可以通过百度百科或者微信公众号"中国植物志"进一步查阅确认。

二、借助手册查阅常见植物

除了使用手机APP查询外，同学们还可以借助老师整理的常见植物手册快速查询并了解植物的相关信息。

附：常见植物手册

中文名	简介	图片
紫堇	别名"楚葵""蜀堇""苔菜""水卜菜"等，罂粟科，紫堇属，一年生灰绿色草本。叶片近三角形，上面绿色，下面苍白色，1—2回羽状全裂，苦、涩、凉。有毒。全草药用，能清热解毒、止痒、收敛、润肺、止咳	

续表

中文名	简介	图片
鹅肠菜	别名"牛繁缕""鹅肠草""石灰菜""大鹅儿肠""鹅儿肠",石竹科,鹅肠菜属。二年生或多年生草本,具须根。茎上部被腺毛。顶生二歧聚伞花序,花梗细,密被腺毛,全草供药用,祛风解毒,外敷治疥疮	
篱天剑	旋花科,打碗花属,植物篱打碗花。多年生草本,全体不被毛。茎缠绕,有细棱。叶形多变,三角状卵形或宽卵形,顶端渐尖或锐尖,基部戟形或心形。花腋生,1朵。花冠通常白色或有时淡红或紫色,漏斗状	
长萼堇菜	别名"犁头草""犁头尖"。堇菜科,堇菜属,多年生草本植物。叶均基生,呈莲座状,叶片三角形、三角状卵形或戟形。全草入药,能清热解毒	
鸢尾	鸢尾科的多年生宿根性草本植物,又名"白花射干""蝴蝶花""扁竹根"。花白色带黄、淡紫斑色,清丽而宜人。冬末至春季开花。治咽喉肿痛、肝炎、胃痛、牙龈肿痛	
白英	茄科草质藤本植物。叶互生,多数为琴形,两面均被白色发亮的长柔毛,聚伞花序顶生或腋外生。浆果球状,成熟时红黑色。全草药用,具有清热利湿、解毒消肿之功效,用于治疗黄疸、水肿、淋病、胆囊炎、胆结石、风湿性关节炎等症。尤其对子宫颈癌、肺癌、声带癌等有一定疗效	

续表

中文名	简介	图片
冬青卫矛	俗名"大叶黄杨"或简称"黄杨",卫矛科,卫矛属灌木,高可达3米,小枝四棱,具细微皱突。叶革质,有光泽,倒卵形或椭圆形。四季常绿,川渝地区多称"万年青"	
日本珊瑚树	五福花科,荚蒾属。枝灰色或灰褐色(形似珊瑚,故称"珊瑚树"),有凸起的小瘤状皮孔。四季常绿,又称"法国冬青"	
白毛新木姜子	樟科(三出脉),新木姜子属,常绿乔木。叶为椭圆形或倒卵状椭圆形,嫩枝密生平贴的白色短毛	
珊瑚樱	茄科(宿存萼片),茄属常绿性小灌木。浆果球形,橙红色或黄色,留存枝上经久不落。全株含茄碱、玉珊瑚碱及玉珊瑚啶,有毒,果不能食用,仅供药用,入药有活血散瘀、消肿止痛功效,能治腰肌劳损等症	
紫麻	荨麻科灌木稀小乔木,高1—3米,小枝褐紫色或淡褐色(名称的由来)。茎皮纤维细长坚韧,可供制绳索和人造棉。茎皮经提取纤维后,还可提取单宁。根、茎、叶入药可行气活血	

希望以上工具和资料能够帮助你认识更多的植物,了解它们的应用价值,尽情探索大自然的奥秘!

文创俱乐部

变废为宝——创意盆栽制作

今天我们要用家里废弃的容器,搭配上可爱的植物,制作一个充满生机的创意盆栽,让我们一起动手制作吧!

制作方法:

1. 收集家里废弃的物品,如水杯、塑料瓶、玻璃瓶、易拉罐等;
2. 对废弃物品进行简单改造并消毒,使之适合栽培植物;
3. 在容器底部铺一层陶粒或颗粒石,做排水层,防止根系积水腐烂;
4. 再放一层土壤到花盆的三分之一处,然后把植株放进去,使根系自然舒展开;
5. 接下来填满盆土,用手轻轻压实,敲击一下花盆,让土壤和根系结合得更紧密;
6. 浇定根水,然后将盆栽放在温暖、通风、光照充足处培养。

参考文献

[1]赵丽萍,周忠会,徐福春.紫堇属植物的研究现状[J].科技风,2019(24):222.

第10节

"闯关吧！向往的自然"最强大脑挑战赛
——植物学理论及实践知识问答

  高中生物学那些鲜活、灵动的知识跃然于课本上，说起来还真是趣味丛生。茫茫宇宙，微微地球都是万物生灵赖以生存的家园。小到病毒，大到整个生物圈，无不体现着和谐之美、律动之美、高效之美、严整之美和传承之美……在高中学习中，生物是一门综合性非常强的学科，在生活中应用非常广泛。我们在日常生活中见到的许多现象都能通过生物知识来解释，所以，高中生物具有相当的实际应用价值。基于此，提升学生自学和合作能力的生物知识竞赛主要是为了促进高中生物的教学水平，进一步向青少年普及生物学知识，重点是考查高中生物教材的内容，还有部分涉及大学教材的内容。知识竞赛强调的是基础知识，但题目对学生来说也有一定的难度。你准备好了吗？

一、活动目的

  为了开发中学生的思维，更好地落实中学生素质拓展要求，丰富学生的课余生活，为学生多方位发展提供空间，通过开展"闯关吧！向往的自然"最强大脑挑战赛以更好地展现生物学的特色学科文化，同时让大家喜欢上生物学科，并且认识到生物学科在中学学习中的不可替代性。

二、活动口号

  "展现生物之美，尽显理性魅力"。

请写下你的战队口号：_____

三、活动目标

使我校中学生对生物学知识有更深入的了解,感受到生物和谐之美、律动之美、高效之美、严整之美和传承之美,同时为同学们提供一个展现自我的平台,以更好地融入校园活动中。

四、所需场地、设备及工具

1. 多媒体教室及设备。
2. 复印资料、奖状、笔、A4答题纸。

你还想到了哪些呢?_____

五、工作安排

1. 收集整理生物资料,建立竞赛题库。
2. 设计活动海报,分发活动宣传单。
3. 选择并预定合适的场地。
4. 邀请评委、主持人。
5. 记录活动过程(包括照片、新闻稿等)。

你还想到了哪些呢?_____

你打算竞选主持人或者评委吗?请写下你的竞选词:_____

_____

_____

六、活动流程

采取四人一组的团体积分赛的模式,战队由生物兴趣小组成员任队长,在全校同学中挑选队友组成。所有战队参加第一轮的比赛,得分前三名的队伍有资格进入第二轮的抢答环节。此环节胜出的两支队伍将晋级第三轮巅峰对决。

具体规则如下表：

	第一轮(R1) 摩拳擦掌 先发制人	第二轮(R2) 不进则退 谨慎抢答	第三轮(R3) 巅峰对决 胜者为王
比赛内容	根据幻灯片中出现的植物，回答植物的物种名	根据主持人描述的植物特征或提供的实物，回答植物物种名	双方从题库中抽取植物，根据该植物出题，由对手作答
比赛形式	各组轮流接受提问，每题必须在15秒内作答，限时过后将立即问下一题，答对加10分，答错不得分，每次答题后由工作人员记录得分	本环节为抢答部分，共设置有15题，答对一题得10分，答错扣5分，每组均需参与抢答并至少抢答3题。(出现同分情况将使用备用题进行再次抢答)	出题顺序由抽签决定，每队出题时间10秒，答题时间为15秒。限时过后将立即问下一题，答对加10分，答错不得分，每次答题后由工作人员记录得分
晋级情况	取得分前三名进入第二轮比赛	取得分前两名进入第三轮比赛，淘汰者为本次比赛季军	产生本次比赛冠、亚军

七、奖项设置

此次比赛决出：冠、亚、季军各一战队，优秀选手数名。

能量加油站

最强大脑挑战赛题库

1. 主要食用部位为变态根的是？
   A. 马铃薯　　B. 胡萝卜　　C. 洋葱　　D. 大蒜
2. 豌豆的卷须属于什么？
   A. 变态叶　　B. 变态茎　　C. 变态根　　D. 次生根
3. 姜的主要食用部位是？
   A. 变态根　　B. 变态茎　　C. 变态叶　　D. 三生根
4. 裸子植物靠什么输导水分？
   A. 导管和管胞　　B. 管胞　　C. 筛管　　D. 筛胞

5—13题图中(1)–(9)分别表示花的不同部位。

5. 图中花为哪种类型

    A.单性花　　　　B.两性花

    C.无性花　　　　D.花萼

6. 图中(2)表示

    A.花柄　　　　B.花托

    C.花瓣　　　　D.花萼

7. 图中(3)表示

    A.花柄　　B.花托　　C.花瓣　　D.花萼

8. 图中(4)表示

    A.花柄　　B.花托　　C.花瓣　　D.花萼

9. 图中(5)表示

    A.花丝　　B.花药　　C.子房　　D.花柱

10. 图中(6)表示

    A.花丝　　B.花药　　C.子房　　D.花柱

11. 图中(7)表示

    A.花丝　　B.花药　　C.子房　　D.花柱

12. 图中(8)表示

    A.花丝　　B.花药　　C.子房　　D.花柱

13. 图中(9)表示

    A.花丝　　B.柱头　　C.子房　　D.花柱

14. 小麦拔节过程中起重要作用的是什么分生组织？

    A.顶端分生组织　　B.侧生分生组织　　C.居间分生组织　　D.原生分生组织

15. 纺织用棉花纤维是由下列哪一结构发育形成的？

    A.韧皮纤维　　B.表皮毛　　C.木纤维　　D.花丝

16. 高等植物细胞壁中广泛存在的多糖有哪些？(多选)

    A.淀粉　　B.半纤维素　　C.纤维素　　D.果胶物质

17. 蒲公英的冠毛属于下列哪个结构？

    A.花柄　　B.花托　　C.花瓣　　D.花萼

18. 苹果的果实属于哪种类型？

A.真果　　　B.核果　　　　　C.假果　　　　　D.干果

19.向日葵的花序属于哪种?

A.伞形花序　B.总状花序　　　C.头状花序　　　D.穗状花序

20.500克黄豆制成2500克黄豆芽,在这个过程中有机物总量的变化是什么?

A.增多　　　B.减少　　　　　C.不增也不减　　D.以上都不对

21.菟丝子属于下列哪一种根?

A.寄生根　　B.攀援根　　　　C.板状根　　　　D.支柱根

22.榕树的支柱根又可称为什么?

A.侧根　　　B.定根　　　　　C.不定根　　　　D.须根

23.下列对应关系正确的是

A.土豆——根的变态　　　　　B.萝卜——茎的变态

C.红薯——根的变态　　　　　D.藕——叶的变态

24.植物矮小,根系发达,叶小而厚,叶表皮细胞壁厚、气孔深陷,栅栏组织层次多,此类植物可能为

A.水生植物　B.旱生植物　　　C.阴生植物　　　D.以上都不对

25.水生被子植物茎的结构特征是什么?

A.表皮形成根毛　B.机械组织发达　C.通气组织发达　D.木质部发达

26.草莓属于什么类型的果实?

A.聚合果　　B.单果　　　　　C.聚花果　　　　D.干果

27.一般情况下剥去树皮后树会死亡,这是因为剥皮后植物茎失去了下列哪一个结构的缘故?

A.周皮　　　B.韧皮部　　　　C.形成层　　　　D.木质部

28.下列哪些属于同源器官?(多选)

A.玫瑰茎上的刺与仙人掌茎上的刺　B.山楂树的枝刺与马铃薯(土豆)

C.马铃薯(土豆)与甘薯(地瓜)　　D.甘薯(地瓜)与菟丝子的吸器

29.芦笋是一种很可口的蔬菜,通过芦笋刀口切面可以看到一些分散排列的细胞团,据此特征判断芦笋是单子叶植物还是双子叶植物?这些细胞团是什么身份?

A.双子叶植物　石细胞　　　　B.单子叶植物　维管束

C.双子叶植物　纤维束　　　　D.单子叶植物　石细胞

30.一般只进行初生生长的植物类群是?

A.裸子植物　　　　B.被子植物　　　　C.单子叶植物　　　　D.双子叶植物

31.菠萝的主要食用部位是哪里？

A.花序轴　　　　B.花　　　　C.果皮　　　　D.胎座

32.瓜子皮属于什么部位？

A.果皮　　　　B.种皮　　　　C.果实　　　　D.种子

33.柳树和杨树的花缺少什么部位？

A.雄蕊　　　　B.雌蕊　　　　C.花被　　　　D.花托

34—37题见下图。

34.图中①表示　　A.萼片残余　　B.花托　　C.种子　　D.胎座

35.图中②表示　　A.花梗　　B.花托　　C.种子　　D.胎座

36.图中③表示　　A.萼片残余　　B.花托　　C.种子　　D.花梗

37.图中④表示　　A.萼片残余　　B.花托　　C.种子　　D.胎座

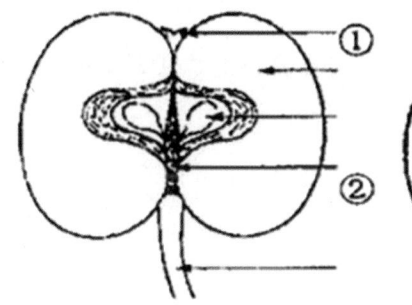

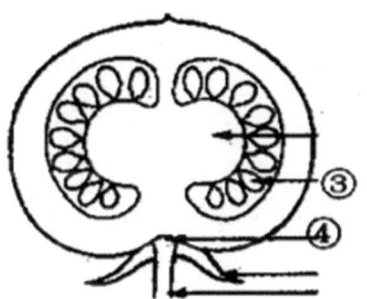

38.铁树属于哪种类型的植物？

A.单子叶植物　　B.双子叶植物　　C.裸子植物　　D.被子植物

39.银杏属于哪种类型的植物？

A.单子叶植物　　B.双子叶植物　　C.裸子植物　　D.被子植物

40.小麦属于哪种类型的植物？

A.单子叶植物　　B.双子叶植物　　C.裸子植物　　D.被子植物

41.竹子属于哪种类型的植物？

A.单子叶植物　　B.双子叶植物　　C.裸子植物　　D.被子植物

42.鹅掌楸属于哪种类型的植物？

A.单子叶植物　　B.双子叶植物　　C.裸子植物　　D.被子植物

43.榕树属于哪科的植物？

  A.桑科   B.大戟科   C.木兰科   D.伞形科

44.玉兰属于哪科的植物？

  A.木兰科   B.蔷薇科   C.百合科   D.伞形科

45.无花果属于哪科的植物？

  A.菊科   B.蔷薇科   C.桑科   D.茄科

答案：

1—5 B A B B B   6—10 B D C A B   11—15 C D B C B

16—20 BCD D C C B   21—25 A C C C C   26—30 A B BD B C

31—35 A A C A D   36—40 C B C C A   41—45 A B A A C

文创俱乐部

"记忆"书签

  激烈的挑战赛之后，那些有意思的题目一定还萦绕在你的脑海中吧！记忆是会淡化的，但是咱们会努力记住这些美好的时刻！

  为了留下这份最美的附中回忆，老师给大家准备了"附中一角"书签，背面留出了空白区域方便大家记录你们感兴趣的题目。请大家参考范例，为自己做一份独属于自己的书签吧！

第 10 节 "闯关吧！向往的自然"最强大脑挑战赛——植物学理论及实践知识问答

参考文献

[1] 常郁欣.浅谈高中生物知识在生活中的应用[J].中华少年,2016(6):126.
[2] 赵艳红.美哉,高中生物学那点事儿[J].中学生物教学,2015(16):49-50.

第11节

"暗香浮动"秘境马拉松
——路线(一)

路线(一)：绍龙观—朱家垭—山顶景点斩龙垭

和几个小伙伴一起去山中采摘野果，品尝酸甜的自然味道，是很多人童年最美好的回忆。缙云山国家级自然保护区植物资源种类繁多，漫步缙云山，你是否也发现路边草丛里藏在红花绿叶之中晶莹饱满的野果，伸手去摘却害怕有毒，欲吃又止？本次活动我们将考察这条路上常见的野果，拍摄植物形态照片，对其果实的形、色、味进行全方位调查研究并介绍，希望同学们能够吃得科学、吃得放心。

一、路线任务

本条实践路线从绍龙观起，途经朱家垭，到达斩龙垭。我们的任务是从众多的植物中鉴别出果实可食用的植物，并对其进行归类整理。

二、调查方法

以实地调查为主，以文献查阅为辅。

沿着调查路线记载果实较常见的植物种类，采集标本，观察生境，目测多度。当发现结果的植物之后，拍照记录植物的叶片、果实等特征。

三、鉴定方法

以《中国高等植物图鉴》《三峡库区野果植物资源调查、综合评价及可持续利用对策研究》等文献为依据进行鉴定。

四、寻山中野果

下面列举的均是缙云山常见的植物，寻找它们是本次活动的基本任务。

1.山莓

山莓是一种蔷薇目，蔷薇科，悬钩子属的直立灌木。枝条具有皮刺，略显扎手，单叶，花单生，聚合果，果味甜美，含糖、苹果酸、柠檬酸及维生素C等。可供生食、制果酱及酿酒，营养丰富，所含的各种成分易被人体所吸收，而且具有促进食欲、改善吸收、改善新陈代谢及增强抗病力的功效。

2.常山

常山是一种蔷薇目，虎耳草科，常山属灌木。高可达2米，叶片一般呈椭圆形或披针形，根可入药，具有抗疟疾的作用。浆果直径3—7毫米，蓝色有光泽，干了的果实呈黑色，不建议食用。

3. 山姜

山姜是一种芭蕉目,姜科,山姜属的多年生草本植物。根茎横生分支,叶片近无柄,根状茎可入药,果球形或椭圆形,直径1—1.5厘米,被短柔毛,熟时橙红色,不建议食用。

4. 寒莓

寒莓是一种蔷薇目,蔷薇科,悬钩子属的藤蔓状常绿小灌木。红色聚合果,近球形,直径6—10毫米,果味甜美,让人垂涎欲滴,可以食用。

5. 光滑高粱泡

光滑高粱泡是一种蔷薇目,蔷薇科,悬钩子属的落叶藤状灌木。果实黄色或橙黄色,晶莹剔透,非常好看,聚合果,可以食用,口感比较酸。

6. 草珊瑚

草珊瑚是金粟兰科,草珊瑚属的木本植物。它具有非常广泛的药用价值,可作为多种中成药的重要原料。果实呈球形,直径3—4毫米,成熟时呈亮红色,非常好看。建议观赏,不建议食用。

能量加油站

缙云山中可以食用的野果种类很多,有的果味浓郁,有的颜色艳丽,更重要的是它们具有很高的生物多样性价值。一些育种专家就在寻找一些野生种质资源,与现有品种杂交,可以增加果香、提高产量、增强抗病抗虫能力等。一些农民也开始搜集种子,尝试人工种植,不但产量更高,而且相比自然授粉结出的果实,人工种植的果子更加完整、饱满,可以增加农民的收入。此外,越来越多的科学研究结果表明,很多野果具有天然药用成分,可以用来开发药品、保健食品、化妆品等。合理地开发和使用,可让资源可持续利用,为生活添彩。

文创俱乐部

拓印植物画

留住喜欢的植物叶片形态,制作拓印植物画。拓印的DIY步骤如下:

1.收集喜欢的植物叶子,压平(夹在书本中或者用东西压平)。一般用桉树叶子、枫叶、玫瑰叶子,你也可以采用其他叶子尝试。真丝织物(或棉麻织物)、30%的白醋水、明矾水、透明宽胶带、敲拓锤等;

2.将选取的面料放在30%的白醋水中浸泡30分钟以上。将选好的叶子在明矾水中浸泡半小时以上,这样更容易拓染;

3.将浸泡好的叶子取出,用吸水纸吸干表面的水分,按照自己的想法把叶子摆放在浸泡过的面料上;

4.用宽胶带封膜;

5.用敲拓锤敲击树叶,注意用力要均匀;

6.揭掉表面的宽胶带,拓印画就做好了。

参考文献

[1]苏武斌.三峡库区野果植物资源调查、综合评价及可持续利用对策研究[D].重庆:西南大学,2006.

第12节

"暗香浮动"秘境马拉松
——路线(二)

路线(二):斩龙垭—缙云山大门—山顶景点(狮子峰、香炉峰)

缙云山国家级自然保护区的植物资源种类繁多,其中药用植物资源也非常丰富。为了更好地保护和利用药用植物资源,本次活动我们将考察这条路线上常见的药用植物,拍摄植物形态的照片,对其形态、药用部位、功能药效进行调查研究并介绍,希望同学们能在游山玩水之余增添一些观察和发现的乐趣。

一、路线任务

本条实践路线从斩龙垭起,经过缙云山大门,到达狮子峰、香炉峰。我们的任务是从众多的植物中鉴别出那些具有药用价值的种类。

二、调查方法

以实地调查为主,以文献查阅为辅。

沿着调查路线记载药用植物种类,采集标本,观察生境,目测多度。当发现具有药用价值的植物之后,拍照记录植物的叶、花、果实等特征。

三、鉴定方法

以《中国高等植物图鉴》《重庆缙云山药用植物汇编》等文献为依据进行鉴定。

四、寻山中良药

以下植物均是缙云山常见的具有药用价值的植物，寻找它们是本次活动的基本任务。

1.常山

蔷薇目，虎耳草科，常山属，灌木植物，浆果蓝色，干时黑色。根可入药，具有涌吐痰涎、截疟的功效，常用于治疗疟疾。

2.山姜

芭蕉目，姜科，山姜属，多年生草本植物，根茎横生分支，叶片近无柄，根状茎可以入药，用于治疗风湿性关节炎、跌打损伤、牙痛、胃痛等。

3.杜茎山

报春花目，紫金牛科，杜茎山属，灌木，根或茎叶具有消肿胀功效。常用于治疗热性传染病，缓解疼痛，解口渴，消除水肿，治疗跌打肿痛、外伤出血。

4. 山莓

蔷薇目,蔷薇科,悬钩子属,直立灌木,枝具皮刺,单叶,花单生,聚合果。可药用,具有涩精益肾、助阳明目、醒酒止渴、化痰解毒的功效,主治肾虚、遗精、醉酒、丹毒等症。叶性微苦,具有解毒、消肿、敛疮、缓解咽喉肿痛等效果。

5. 菝葜

菝葜科,菝葜属,别名金刚藤、金刚刺等,多年生藤本植物,根茎可入药。《本草纲目》中记载,菝葜有清热解毒、除湿、利关节的功效,主治风湿性关节炎、消化不良、腹泻、肾炎、湿热疮毒等病症。

6. 光滑高粱泡

蔷薇目,蔷薇科,悬钩子属,落叶藤状灌木,根叶供药用,有清热散瘀、止血的功效,种子药用,也可榨油。

7. 贯众(下左)

水龙骨目,鳞毛蕨科,鳞毛蕨属,多年生草本植物,根茎及叶柄可入药,具有杀虫、清热、解毒、凉血、止血的功效。可用于治疗风热感冒、吐血、咳血、便血、崩漏及钩虫、蛔虫、绦虫等肠寄生虫病。

8. 接骨草(下中)

茜草目,五福花科,接骨木属,高大草本或半灌木,茎有棱条,可治跌打损伤,有祛风湿、通经活血、解毒消炎的功效。

9. 草珊瑚(下右)

胡椒目,金粟兰科,草珊瑚属,药用价值高,是多种中成药的重要原料。研究人员对草珊瑚的药用物质开展了大量的化学和药效学研究,发现草珊瑚的主要药用成分为倍半萜、倍半萜聚合体、酚酸、香豆素和黄酮类等,药理研究表明其具有抗炎、抗肿瘤、抗菌、抗氧化和神经保护等多种生物活性。

能量加油站

缙云山中具有药用价值的植物种类很多,但是目前药用植物的利用开发也存在一定问题。首先,需要通过科学研究了解其药用部位、用法用量、采收加工方法等,否则胡乱用药易造成肝损伤、中毒、诱发癌症等。其次,盲目的掠夺式采集会造成环境破坏。最后,部分野生中草药数量稀少,产量小,研究价值不高。希望在不远的将来,我们能在缙云山中发现新的药用植物或新的药用价值,用来开发药品、保健食品、化妆品等,从而造福人类。

文创俱乐部

草药扎染

取天地间的草药,染出灵动鲜活的色彩,伴随着草药的清香,或许还有驱蚊的奇效,同学们可以搜集各种草药的色素,染出带有自己所喜欢颜色的布料,制作各种扎染手工艺品。草药扎染的DIY步骤如下:

1.收集绞股蓝、草珊瑚等颜色鲜艳的植物叶片和果实等,准备好真丝织物(或棉麻织物)、明矾水;

2.收集桑葚果实,清洗干净后置于榨汁机中,榨出桑葚汁待用;

3.将选取的面料折叠成自己喜欢的样式,或上网查阅资料,学习扎花的各种方法,在布料上分别使用撮皱、折叠、翻卷、挤揪等方法,使之成为一定形状,然后用针线一针一针地缝合或缠扎,将其扎紧缝严,让布料变成一串串"疙瘩";

4.将扎好"疙瘩"的布料先用清水浸泡一下,再放入染缸里或加温煮热染,经一定时间后捞出晾干,然后再将布料放入明矾水中浸泡半小时以上,随即又放入染缸浸染。如此反复浸染,每浸一次色深一层,即"青出于蓝"。缝了线的部分,因染料浸染不到,自然成了好看的花纹图案;

5.浸染到一定程度后,捞出布料并放入清水中,将多余的染料漂除,晾干后拆去缬结,将"疙瘩"挑开,熨平整,至此,一块漂亮的扎染布就完成了。

参考文献

[1]王之梅,梅娇,李波.重庆缙云山药用植物汇编[M].长春:吉林大学出版社,2016.
[2]胡晓茹.草珊瑚的化学成分研究[D].北京:中国协和医科大学，2009.

第13节

"暗香浮动"秘境马拉松
——路线(三)

路线(三)：斩龙垭—马中咀—白云村—三角花园

人们采食野生蔬菜的历史非常悠久,常吃的野菜就有20多种。像鱼腥草、马齿苋、野葱、香椿芽……都是耳熟能详的野菜。挖野菜、吃野菜已然成为一种乐趣。在植被丰富的缙云山中除了有丰富的野菜资源,还有很多其他可食用植物。它们有的隐藏在山林之中,从未进入超市的货架。究竟哪些植物是可以食用的呢？在这条路线中,我们将去寻找那些山间的天然美味。

一、路线任务

缙云山是国家级自然风景名胜区,海拔350—951米。缙云山是典型的亚热带常绿阔叶林,物种多样性丰富,保护区现有植物246科、992属、1 966种。因此,缙云山长期作为生物学专业野外综合实习和见习基地。其实,野外实习不仅是要验证书本知识和巩固理论知识,还要落实理论知识的实际应用。因此,在本条实践路线中,我们的首要任务是从众多的植物中鉴别出那些可以供人们食用的植物,并对其进行归类整理。其次,通过走访,了解村民对山野菜的利用情况和山野菜的利用价值等,并思考山野菜开发利用的对策和建议。

二、调查方法

以民间调查为主,以文献查阅为辅。

沿着调查路线记载野菜种类，采集标本，观察生境，目测多度。当发现可食用植物之后，拍照记录植物的特征，拍照的时候注意拍摄整株、叶片的正反两面、茎，如果有果实和花朵要特别拍摄。

三、鉴定方法

以《中国高等植物图鉴》《中国野菜图谱》等文献为依据进行鉴定。

四、寻山中美味

缙云山就像一个野菜聚宝盆，生长在这里的野菜品类繁多，因此在寻找野菜之前，需要先收集有关资料，了解可食用植物的种类、特征、生长环境、食用部位、生长季节等。下面给大家列举了一些缙云山常见可食用植物，请尝试找到它们并采集标本。

携带工具：采集袋、铲子、枝剪、绳子、号签、记录签、笔等。

注意事项：穿长袖长裤防蚊虫叮咬，穿防滑鞋。

准备好了，我们就一起出发吧！

1. 棠叶悬钩子

蔷薇科，具小皮刺。单叶，椭圆形，顶端渐尖，稀急尖，基部近圆形。果实扁球形，无毛，由多数小核果组成，熟时紫黑色。

2. 茶

山茶科，灌木或小乔木，叶革质，长圆形或椭圆形，先端钝或尖锐，上面发亮，下面无毛或初时有柔毛，边缘有锯齿，叶柄无毛。花白色，花柄有时稍长，花瓣阔卵形，基部略连合，背面无毛，有时有短柔毛。

3. 光滑高粱泡

蔷薇科,枝幼时有细柔毛或近无毛,有微弯小皮刺。单叶宽卵形,顶端渐尖,基部心形,边缘有细锯齿。果实小,近球形,由多数小核果组成,熟时黄色或橙黄色。

4. 菱叶冠毛榕

桑科,叶纸质、倒卵状椭圆形至倒披针形,先端急尖至渐尖,基部楔形。榕果成对腋生或单生叶腋,幼时卵状椭圆形,被柔毛,椭圆状球形,熟时紫红色。鉴定要点是茎、叶、果实有白色乳汁。

5. 小叶栲

壳斗科，叶长椭圆形或披针形，顶部短尖或渐尖，基部近于圆或宽楔形。壳斗通常圆球形或宽卵形，每壳斗有1坚果，坚果圆锥形或近于圆球形，无毛。鉴定要点是叶片背面是红褐色。

6. 宜昌悬钩子

蔷薇科，枝圆形，疏生短小微弯皮刺。单叶，近革质，卵状披针形，顶端渐尖，基部深心形，两面均无毛。果实近球形，红色，无毛，果味甜美，可食用及酿酒。

7. 山莓

蔷薇科，枝具皮刺，幼时被柔毛。单叶，卵形至卵状披针形，顶端渐尖，基部微心形，有时近截形或近圆形，边缘有不规则锐锯齿或重锯齿。果实由很多小核果组成，红色，密被细柔毛，果味甜美，或供生食、制果酱及酿酒。

8. 寒莓

蔷薇科，茎常伏地生根，与花枝均密被绒毛状长柔毛。单叶，卵形至近圆形，顶端圆钝或急尖，基部心形，往往嫩叶密被绒毛，老叶仅下面具柔毛。果实呈近球形，紫黑色，无毛，果可食和酿酒。

除了以上植物可食用外，缙云山其实还有很多其他可食用的植物，比如蕨菜、折耳根、荠菜、野葱、竹笋等。相信在老师的带领下，你已经品尝过了大自然馈赠的味道，不过当你在不确定某种植物是否可以食用时，切记不可随意食用野菜、野果。

能量加油站

野生蔬菜具有一定的食用价值和药用价值。如：紫苏可以行气宽中、消食开胃；蒲公英可治流行性腮腺炎、急性扁桃腺炎、乳痈、疔疮、肝炎、尿路感染；苦麻菜有清热解毒、凉血利湿、去瘀止疼、补虚止咳的功效；马齿苋可治疗肠炎、痢疾；鱼腥草有很高的抗氧化指数，对消除体内自由基、延缓衰老有积极的保健作用。

但是，目前山野菜的利用也存在一定问题。第一，山野菜不耐储存，利用率低；第二，群众的过度采集造成了资源破坏；第三，山野菜产量小，利用研究薄弱，加工水平低，生产科技含量低等。

文创俱乐部

薤白排骨粥

薤白是百合科草本植物,具有特殊的辛香味,有增进食欲,防止心血管疾病等功效。下面就让我们试着来烹饪一道风味薤白粥吧。薤白粥烹饪方法:

1. 将排骨焯水;
2. 起锅烧水,下入排骨煮40分钟,之后下入大米;
3. 粥煮熟后,加入切碎的薤白、适量食盐。

第14节

"暗香浮动"秘境马拉松
——路线(四)

路线(四)：雷家院子—杉木园—韩家园子

蕨类植物是恐龙的主要食物来源，如今恐龙灭绝了，蕨类植物还在。蕨类植物是裸子植物的祖先，现在许多裸子植物都成了孑遗植物，蕨类植物仍旧生机勃勃。蕨类植物是绿色开花植物的始祖，在遍地花开的今天，蕨类植物依然欣欣向荣。蕨类植物到底有着怎样的奥秘，能够使它们盛久不衰？在这条路线中，我们将去寻找缙云山上的蕨类植物，一起走进蕨类植物的秘密生活世界。

一、路线任务

缙云山森林覆盖率达85%以上，植物种类丰富，其中蕨类植物约38科、75属、148种。在本条活动路线中，我们通过识蕨、寻蕨和种蕨，一起去揭开蕨类植物的神秘面纱。

二、识蕨之旅

步入缙云山，你会发现许多生长在大树下的蕨类植物，它们个头不高，却长得郁郁葱葱，美丽的叶片给人心旷神怡的感觉。接下来，在老师的带领下，我们将一起观察、认识蕨类植物的结构。

1.蕨类植物的叶

看到蕨类植物的地上部分，你可能会理所当然地认为，靠近地面细长的结构就是茎,而上面的小叶就是它的叶片,那你就大错特错了。

实际上,地面上的蕨类往往簇生在一起,其中每一支都是一片叶子。靠近地表细长的轴是叶柄,在叶中间的部分即叶轴,叶轴两边的"叶子"均是羽片,而羽片中间的部分即羽轴。羽片上小的分支是小羽片。

叶的结构

2.蕨类植物的根和茎

蕨类植物的根和茎埋在地下,我们挖开所看到的"根"其实是它的茎——根状茎。蕨类植物没有真正的主根,都是不定根着生在茎上。

根状茎

3.蕨类植物的孢子囊群

蕨类植物一年四季不开花,也不结果。那么它们是如何繁殖下一代的呢?

孢子囊群

其实,蕨类叶片的背面暗藏玄机。瞧！叶片背面一团一团的小颗粒,就是蕨类植物的繁殖结构——孢子囊群,每个孢子囊群中都有多个孢子囊,每个孢子囊中有许多孢子。孢子是蕨类植物的生殖细胞,成熟后从孢子囊中散发出来,落到温暖潮湿的地方,就会萌发和生长。

同学们,你们对蕨类植物的认识是不是又进了一步呢？不妨去寻找一株蕨类植物,仔细观察它,完成蕨类植物档案卡。示例如下：

蕨类植物档案卡	
学名：肾蕨	
生活环境	林下温暖潮湿处,土壤富含腐殖质
根	没有真正的根系,只有从主轴和根状茎上长出的不定根
茎	根状茎,包括直立茎、匍匐茎和球形块茎三种。直立茎的主轴向四周伸长形成匍匐茎,从匍匐茎的短枝上又形成许多块茎
叶	叶片从块茎上长出,呈簇生披针形,叶长30—70厘米、宽3—5厘米,一回羽状复叶,羽片40—80对。初生的小复叶呈抱拳状,具有银白色的茸毛,展开后茸毛消失,成熟的叶片革质光滑。羽状复叶主脉明显而居中,侧脉对称地伸向两侧
孢子囊群	孢子囊群生于小叶片各级侧脉的上侧小脉顶端,囊群呈肾形

三、寻蕨之旅

或许你会觉得蕨类植物大同小异,殊不知在它们相似的结构中却存在着诸多的变化。接下来,同学们将分为4组,每组确定一名组长,在组长的带领下,寻找下面的宝藏蕨类,认识它们独特的美。

1. 乌毛蕨科狗脊蕨属——顶芽狗脊蕨

顶芽狗脊蕨的不定芽位于叶背,在羽片与叶轴交接的地方会先长出不定芽,这些

芽刚长出来时看起来像是一粒粒金色的毛丛,然后才长出卷曲的幼叶,等到不定芽接触到地面后就可以长成一个新的个体。

2.鳞毛蕨科鳞毛蕨属——红盖鳞毛蕨

红盖鳞毛蕨的孢子和幼枝均为红色,叶轴上有沟,与羽叶上的沟相连,叶片上面无毛,下面有淡棕色毛状小鳞片。囊群盖圆角形,中央红色,边缘灰白色。

3.紫萁科紫萁属——紫萁

紫萁的叶片有营养叶和孢子叶之分。孢子叶一般于春夏之交抽出,缺少叶绿体,成熟后死亡。

4.陵齿蕨科乌蕨属——乌蕨

乌蕨根状茎短,粗壮,密被赤褐色的钻状鳞片,末回小羽片或裂片顶端截形或圆截形,有不明显的小齿。孢子囊群边缘着生,每裂片上一枚或二枚,囊群盖灰褐色,半杯形。

5. 里白科里白属——中华里白

中华里白的叶上面呈绿色,下面呈灰绿色,叶的中脉、侧脉及边缘有柔毛。叶轴上有红棕色鳞毛。

6. 凤尾蕨科铁线蕨属——普通铁线蕨

普通铁线蕨的柄长且纤细,栗色,有光泽,叶片为卵状三角形,尖头,基部楔形。

7. 凤尾蕨科凤尾蕨属——蜈蚣凤尾蕨

蜈蚣凤尾蕨的叶片呈一回羽状,形似"蜈蚣",孢子囊群线形,囊群盖灰白色。

8. 海金沙科海金沙属——海金沙

海金沙是蕨类植物中植株最长的一种,可达4米。叶轴上有狭边,也叫"狭叶海金沙"。

9. 卷柏科卷柏属——翠云草

翠云草的叶交互排列,表面光滑,边缘具有明显白边,叶整体呈翠绿色,具有极高的观赏价值。

10. 桫椤科黑桫椤属——齿叶黑桫椤

齿叶黑桫椤是中型蕨类,植株可达1米以上。它是国家重点保护野生植物。

每找到一种对应的蕨类植物,拍照打卡或采集标本,小组加10分;额外找到其他蕨类植物并能正确鉴定,每种加5分,上不封顶。活动限时40分钟。

四、种蕨之旅

同学们,蕨类植物的秘密远不止于此,我们在短时间内认识的只是冰山一角。不妨选择你感兴趣的蕨类植物,采集幼株,完成室内栽培,用自然笔记的形式记录蕨类植物的生长发育情况。或许,你会爱上蕨类植物!

能量加油站

蕨类植物历史悠久,种类繁多,在人们日常生活中的各个方面价值巨大。

其一,蕨类植物具有极高的观赏价值。身处快节奏都市生活中的人们,越来越喜爱平静朴素、清新优雅、容易成活的观赏植物。而蕨类植物经过了3亿多年的洗礼,对光照条件要求不高,易于培植,已然成为人们的优先选择。

其二,蕨类植物具有一定的药用价值。早在《神农本草经》中就有记载,蕨类植物中有许多种类具有极高的药用价值,比如乌蕨、贯众和卷柏具有清热解毒功效。

其三,蕨类植物具有一定的食用价值。人们常采摘幼嫩的蕨叶,制作拌菜、炒菜、汤菜。蕨类的根状茎中富含淀粉,可制成蕨粉。但是蕨类植物中含有一定的致癌成分,切记不可多食。

除此以外,你知道吗?蕨类植物的遗体经过漫长年代复杂的变化就逐渐形成了煤。

文创俱乐部

蕨类植物装饰画

蕨类植物,又称"羊齿植物",叶形独特,适合制作蕨类植物装饰画。DIY步骤如下:

1.采集几片蕨类植物的叶子,把叶子平铺在两张蜡纸中间,摆好造型后放在几本厚重的大书之间平压2—3天。再使用干燥剂进行干燥,延长保存时间;

2.选择硬质纸张,将想制作的图案在纸上轻轻勾勒出大致轮廓;

3.对压好的叶子进行剪裁,放到选好的纸上,用少量的Mod Podge胶或者普通的工艺品黏结剂固定;

4.将纸和固定好的植物一起,放入玻璃相框中。

参考文献

[1]白志川,刘园.缙云山主要野生观赏蕨类植物的调查和引种栽培[J].山区开发,2003(07):27.

[2]林永慧,何平,何兴兵.重庆缙云山国家自然保护区药用孢子植物资源[J].国土与自然资源研究,2003(03):94-95.

第15节

"暗香浮动"秘境马拉松
——路线(五)

路线(五):朱家垭—清风茶楼—焦泥湾

除了食用和药用,植物的花朵具有极高的欣赏价值,无论是园林艺术还是装扮房屋,人们常常使用开花植物做点缀,形状各异、色彩斑斓的花已然是自然界中赏心悦目的艺术品。对于植物来说,花朵也是一种"身份证",不同植物的花在结构和形状上有着明显的差异。在这条路线中,我们将一同寻找色彩斑斓的花朵,在感受自然之美的同时认识花的结构,学会读懂植物的"身份证"。

一、路线任务

在本条实践路线中,我们的任务有3个:一是寻找美丽的花朵并拍照记录;二是观察花的形态特征,现场认识和鉴别各种植物;三是适当采集花的标本在实验室进行解剖,进一步认识花的结构。

二、调查方法

以野外调查记录为主,以解剖观察、文献查阅为辅。

沿着调查路线记录开花植物的种类,采集标本,观察生境,目测多度。当发现开花植物且处于盛花期时,拍照记录植物的特征。拍照的时候注意拍摄整株,花朵部分要多角度拍摄,同时该植物的叶片(正反两面)、茎也需要拍照记录。

三、鉴定方法

观察植物的茎、叶、花和果的特征，以《中国高等植物图鉴》和其他花卉图鉴等作为依据进行鉴定。

四、寻山中花朵

(一)准备工作

指导老师1—2人，指导老师需要了解植物分类的基本知识，提前查询并认识该路线常见开花植物的各种特征，以便指导学生认识并采集标本。建议指导老师准备一些简易的医疗用品，如创可贴、棉签和消毒酒精等，以便处理意外伤害。学生5到6人一组，组内确定标本采集员(需准备采集工具)、拍照记录员、文字记录员(负责记录调查植物的大致数量、发现位置)。

(二)活动任务

每个小组需要采集到下列五种常见植物的标本。除了下列五种植物，探索过程中会遇到许多其他植物，请各小组在指导老师的许可下多采集一些带花的植物标本用于解剖，进一步鉴定并认识植物、认识花的结构。

(三)注意事项

1.着装尽可能遮蔽皮肤，避免蚊虫叮咬，可以适当携带一些驱虫水。
2.在保证自身安全的情况下进行标本采集活动，采集过程中小心使用各种工具。
3.请勿在探索过程中奔跑打闹，请勿前往如陡坡、悬崖等危险地段进行采集活动。
4.请勿翻越科研用地围栏。
5.请勿乱扔垃圾。

(四)路线常见植物

1.四川大头茶

花大，花柄极短，花萼背面有柔毛，花瓣为黄色或淡黄色或白色，外围有柔毛，花期10—12月，较长。若在地上见到落花，旁边大概率能找到一株树皮淡红且易剥落的植物，这便是四川大头茶了。

2. 三脉紫菀

三脉紫菀是菊科植物，菊科植物有着典型的头状花序，你现在看到的一朵"花"，实际上就是它的一个花序，每一片紫色的都是一朵舌状花，许多黄色的管状花聚集在中心，这些舌状花和管状花构成一个完整的头状花序，花果期7—12月。

3. 尖距紫堇（花和叶）

尖距紫堇的叶是二回羽状复叶，上面绿色，下面苍白色，比较典型。花粉红色至紫红色，花瓣上有圆筒状的距，约占花瓣的三分之一，距尖端稍微弯曲。

4.落地梅

落地梅比较矮,高度大约50厘米,茎直立,不分枝,茎节部稍膨大。叶片在茎端轮生,无柄或近于无柄。黄色花朵集生茎端形成伞形花序,花期5—6月,果期7—9月。

5.扁竹根

叶子暗绿色,有光泽。花为淡蓝色或蓝紫色,花被边缘有细齿裂,在花被上有隆起的黄色鸡冠子附属物。花盛开时向外展开,可以明显看到白色的雄蕊,花期3—4月。

经过一番探索后,想必大家已经得到了各种各样的花朵,在学习过程中我们认识到花的结构包括花托、花萼、花冠、雄蕊和雌蕊。是不是所有的花都有这些结构呢?某种结构在不同的花朵上是不是性状一样呢?这些结构有什么作用呢?这些问题的答案需要大家通过解剖花朵来回答,请大家携带好采集的标本前往实验室,开启另一场探索旅途。

能量加油站

解剖花的过程

所需器材：放大镜、显微镜、解剖刀、镊子、载玻片、盖玻片、滴管、白纸、牙签。

过程：1.先观察花的形态，识别花的各部分结构及其功能。2.用镊子依次摘下花萼、花冠、雄蕊，由外向内记录它们的位置关系。3.将一枚雄蕊放在载玻片上，先用放大镜观察花丝和花药，然后滴一滴清水，盖上盖玻片轻轻挤压，使花粉散出来，再用显微镜观察花粉的形状。4.将一枚雌蕊放在载玻片上，用放大镜观察柱头，然后用解剖刀纵向剖开子房，用放大镜观察里面的胚珠。5.将依次摘下的花萼、花冠、雄蕊和雌蕊粘贴在白纸上。

文创俱乐部

美丽的干花

鲜花可以被制作为干花进行保存或者用于艺术创作，以下是干花制作的步骤：

1. 挑选较新鲜的花朵备用；

2. 去除花梗上的所有叶片，取10朵花组成一束；

3. 准备一些橡皮筋，先用一根橡皮筋按照两枝或三枝花梗一组套在一起，剩余的重复前一步骤，最后再用一根较大的橡皮筋将这几组套在一起；

4. 找一个温暖、黑暗、干燥并且有穿堂风的地方，将花束挂在离天花板至少15厘米的位置，利用自然风吹干花朵。在风干的过程中，花儿还会略微开放。2到4周后，当花瓣变脆，风干的工作就完成了；

5. 给干花喷上少量的发胶或者干花定型液，这样不仅可以起到定型的作用，还能保护干花，防止花瓣脱落。最后再准备一个精致的花瓶，一件优秀的作品就完成了。

参考文献

[1]武旭霞,游捷,林启美.观赏植物野生资源开发利用价值评价体系的建立及应用[J].中国农学通报,2006(08):464-469.

第16节 "暗香浮动"秘境马拉松
——路线（六）

路线（六）：缙云山八角井—珍稀植物园—板子沟

自进入21世纪以来，生物入侵的问题已经成为全球最棘手的环境问题之一。植物入侵不仅会破坏入侵地的生态环境，更重要的是会造成严重的经济损失。人类的活动越来越频繁，使外来物种不断涌入保护区，当其入侵成功后，就会损伤甚至破坏土壤原有的生态系统，如影响入侵地土壤的微生物群落结构、微生物数量、土壤理化性质和抑制本土植物的生长繁殖。

对于一些数量稀少甚至濒临灭绝的植物应采取相应的措施给予保护，如建立自然保护区；对于在自然条件下繁殖率较低的物种，可利用实验室技术，如植物组织培养辅助繁殖；对于因工程施工带来的植被破坏，应及时进行恢复。

一、路线任务

在本条实践路线中，我们的任务是鉴定入侵植物，调查保护植物的生长状况。

二、调查方法

野外调查，拍照记录。

三、鉴定方法

以《中国高等植物图鉴》《植物学》等资料为依据，通过花、叶片、果实等的形态结构进行鉴定。无法通过外观形态鉴定的种类,可结合解剖观察和文献查阅来鉴定。

四、寻找入侵植物和保护植物

(一)入侵植物

在所调查路线中,我们一共发现了3种入侵植物。

1. 喜旱莲子草

又名"空心莲子草",俗称"水花生""革命草",苋科,莲子草属,多年生宿根草本植物。喜旱莲子草原产于巴西,1930年传入中国,生长范围广,被列为中国首批外来入侵物种,已成为严重危害我国生态环境的恶性杂草之一。

喜旱莲子草侵占入侵地后会迅速定植和扩散,与本地物种争夺各种资源,造成入侵地物种多样性下降、作物减产、水体富营养化等,同时容易滋生蚊虫,从而影响环境卫生。已有研究表明,入侵植物通过"植物—土壤"反馈作用,对入侵地土壤生物多样性和生态过程产生影响。调查发现喜旱莲子草在所调查路线靠近马路的地方分布非常广,并且有分布的地方物种多样性比其他地方低。

2. 棕叶狗尾草

它是一种多年生草本植物,禾本科,狗尾草属,原产于非洲,大多生于谷底林荫下较潮湿的地方,成簇生长,秆高0.75—2米,直径约3—7毫米,叶片较大,挡住了阳光,其所生长之处矮小的草本植物生长状况较差,目前在世界各地的热带和亚热带地区都有棕叶狗尾草的分布。

棕叶狗尾草可用于制作饲料,可以代替其他青草饲喂动物,对其营养成分分析表明,其中粗蛋白含量非常高,可以作为蛋白的来源之一,直接饲喂或者磨成草粉添加到饲

料中。鉴于棕叶狗尾草以上的功能，可作为牧草在固定区域种植，这样既可防止植物入侵对本土生态环境的影响，也可以减少牛羊对其他植物的啃食，从而避免土地沙化，达到保护生态环境的目的。

3. 白花紫露草

鸭跖草科，紫露草属，多年生常绿草本植物，茎匍匐，光滑，长可达60厘米，带紫红色晕，有略膨大节，节处易生根。叶互生，长圆形或卵状长圆形，先端尖，下面深紫堇色，仅叶鞘上端有毛，具白色条纹。花小，多朵聚生成伞形花序，白色，为2叶状苞片所包被，花期夏、秋季。

紫露草属全世界约有30种，为重要的观叶植物，我国约18种。白花紫露草虽然没有被列入中国入侵植物名录，但根据近三年的观察，其种群规模呈扩大趋势，具有入侵物种的特性，占据了其他植物的生境，导致紫花白露草大片生长之处物种多样性下降。白花紫露草植株垂散，叶色美观，但因其冬季会停止生长而枯萎，所以人们认为它不能越冬，从而将其丢弃，事实上它具有盆栽价值，冬天放置在室内向阳的地方，只要室温保持在5摄氏度以上就可以安全度过冬天。可通过定点种植，制作成盆栽，让入侵植物具有更高的利用价值。

(二)重庆保护植物

在所调查路线中，我们一共发现3种重庆保护植物。

1. 缙云黄芩

唇形科,黄芩属,多年生的草本植物,具有匍匐根和茎,是重庆北碚缙云山特有分布种。缙云黄芩有非常重要的药用价值,黄芩主治温热病,服用后可以缓解病情,还可以清热燥湿,治疗孕妇的胎动不安,凉血安胎。

缙云黄芩生殖能力较弱,小坚果的萌发率很低,有研究表明,缙云黄芩的种群数量和个体数量都在慢慢减少,目前已经处于濒危的状态,所以对缙云黄芩的保护迫在眉睫,可通过人工繁殖增加缙云黄芩的数量,通过组织培养或扦插培育体系、种子繁殖体系等加快对缙云黄芩的保护抢救。在所调查路线中,人工种植的缙云黄芩长势较好,也人工加了金属网进行保护。在人工种植的过程中,常常会出现叶枯病,可通过清洁种植土地,喷洒波尔多液或者用多毒灵1 000倍液防治。若出现根腐病,需要经常排水,最好进行轮作,一旦出现病株应及时烧毁,病株所生长的土壤可用石灰消毒。若出现黄芩舞蛾侵害,可以用敌百虫防治。

2. 绞股蓝

葫芦科,绞股蓝属,草质攀援植物,绞股蓝花期3—11月,果期4—12月,主要生长在南方,是待开发的"名贵中药材",民间称其为神奇的"不老的长寿药草"。

绞股蓝的药用价值较高,具有消炎解毒、止咳祛痰的作用,与灵芝搭配,可以治疗高血压、高血脂、高血糖、脂肪肝等疾病,因此人们争相采食,使绞股蓝的数量急剧下降,因此急需人类的保护。

3.润楠

樟科,润楠属,乔木,高可达40米,枝条为黑褐色,无毛,花期4—6月,果期7—8月。润楠幼苗初期生长缓慢,对生活环境要求较高,生育最适合温度大约18—28摄氏度,喜阴湿,一般在山的阴面,湿润的地方生长,所需的日照时间较短,排灌方便,肥沃湿润的土壤适合其生长。若土壤过于黏重,不方便排水,容易烂根,若土壤过于干燥,幼苗又容易烧苗,生长不良。鉴于润楠的以上特点,其在自然界分布范围并不广泛,存活率较低,急需人工保护。缙云山的润楠为人工种植,所选择的种植地点适宜,定期有专人维护,生长状况良好。润楠通过种子繁殖,果实采收以后,可人工去除外果皮,因为种子有油质,寿命短,阴干后就可以播种。如果需要第二年春播,需要用湿沙来储藏,否则会导致种子死亡。

文创俱乐部

缙云创意便利贴

无论是入侵植物还是濒危植物,都对生态环境有非常大的影响,都应受到人们的广泛关注,尤其是学生,可以作为主要的宣传者。便利贴是学生学习中常用的工具之一,可制作带有相关入侵植物和保护植物图片的便利贴,再附上该植物的分类学信息,让学生在学习学科知识的同时了解目前急需我们保护的植物和亟待我们解决植物入侵导致的生态问题,从而引起社会的高度重视。很多生态问题的解决,需要全社会的共同努力。

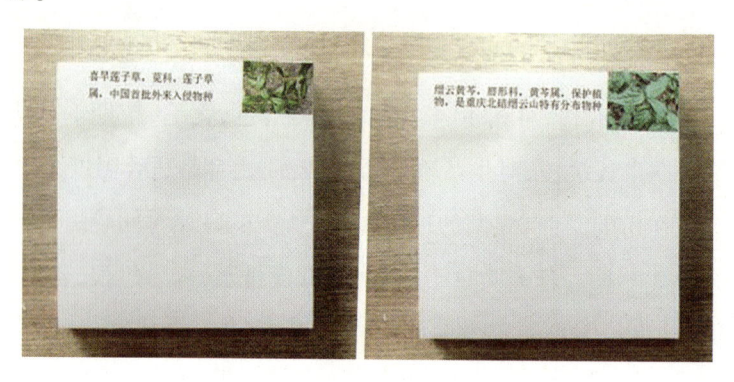

参考文献

[1]杨泽宇,杨兰芳.外来植物入侵对土壤生态环境的影响[J].环境保护前沿,2020,10(2):194-199.

第17节

"暗香浮动在缙云"文创产品拍卖会
——体验职业,规划自我

随着生活水平的提高,现在的青少年缺少辛勤劳动的机会,他们可以通过网络等很多渠道了解社会,却很少有机会参与到社会实践中来。职业体验的目的就是让青少年暂时放下课本,最直接地体验各行各业的不易与辛酸。职业体验可以使青少年改变学习方式,丰富学习资源,拓展发展空间,也可以使他们在体验中发现自己的兴趣和特长,从而让自己在未来的职业选择与事业发展中有精准的定位和最优的选择。

在本节活动中,同学们将化身"拍卖师",体验职业乐趣。首先让我们来认识"拍卖师"吧!拍卖师常被戏称为"交钱乐队的指挥家",有指挥家的气质和气势,有控制、鼓动和驾驭全场的能力。除此之外,拍卖师还应该具有主持人的风采和数学家的头脑,因为竞买人在来之前都有一个心理价位,这个是静态的,但随着竞买现场的变化,这个价位会变成动态的,可以相对上浮或下降,这种变化与拍卖师掌握的现场节奏感有关。通过这样的体验活动,既锻炼了能力,又能推广我们前期的文创产品成果,可谓是一举两得。让我们马上开始准备吧!

活动策划

一、活动内容

以"暗香浮动在缙云"课程组同学的文创产品为主体,再结合其他课程组和社团的校园文创产品进行一次公益拍卖活动。

二、活动地点

拍卖地点选在西南大学附属中学校地下运动场。

三、方式

先和校方协商地下运动场场地事宜,再以向各年级班级派发传单和张贴海报的方式将拍卖信息发布给广大学生,搜集需要拍卖的物品信息和竞拍者名单信息,然后到校外各大厂家寻一合作方作为赞助商,最后再去请校武术队和舞蹈团参与活动。

四、盈利模式

以赞助费和竞拍者的竞拍资格费为收入来源,对提供拍卖物品的供应者实行免费服务,倡议供应者捐出拍卖收入。所有收入以课程组名义捐款给红十字会。

五、受益各方

1. 课程组学生体验了拍卖师职业的乐趣。

2. 学校的特色得到了推广。

3. 为公益事业做出了贡献。

4. 提供拍卖物品的学生可以以比较高的价格卖出自己的作品,获得较高的个人成就感。

5. 竞拍者得到了自己想要的物品。

6. 广大师生从中收获快乐,放松心情。

7. 赞助商获得了广告宣传。

六、财务核算

成本:

1. 传单及海报的印制费用。

2. 可能还有给校方的场地费。

3. 请社团表演的费用。

4. 拉赞助的交通费。

5. 团队成员之间及团队成员与外界人员之间的通信费。

6. 上网查阅资料信息所产生的上网费。

活动流程

一、准备工作

1. 志愿者3—4名提前到位，布置好拍卖会现场。

2. 有拍卖物品的人员提前30分钟入场，将拍卖物交至物品处。工作人员马上对物品进行分类贴标签，分类为定价物品和拍卖物品，并摆放到物品区对应陈列位置。

3. 安排一人负责拍卖物品的传送，三人负责定价物品的销售。

4. 大屏幕不停滚动播放校园图片，配音乐，营造会场气氛。

你还想到了哪些呢？

_____

_____

二、暖场活动

武术队和舞蹈团表演。

三、主持人开场

你想成为主持人吗？请写下你的开场词：

_____

_____

_____

_____

_____

_____

四、展示拍卖物品

正面

背面

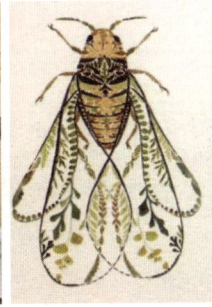

第17节 "暗香浮动在缙云"文创产品拍卖会——体验职业,规划自我

五、竞价拍卖

你打算卖出什么呢？它有什么吸引人的地方呢？

你打算买点什么呢？你的心理价位是多少？为什么？

六、活动总结

课程到这里也接近尾声了,通过本次活动你有哪些收获呢？

117

能量加油站

市场拍卖会礼仪

拍卖作为一种特殊的商品交易方式,以公开竞价的方式,将特定物品或者财产权利转让给最高应价者。在参加拍卖会时需要注意以下文明礼仪,我们一起来学习一下吧!

您懂得,了解拍卖流程信息;别忘了,咨询取得竞拍资格。

您懂得,提前查找竞品资料;别忘了,专业团队鉴定检查。

您懂得,遵守规则持号应价;别忘了,合法参与公平竞价。

您懂得,摆正心态谨慎理智;别忘了,遵循流程签约确认。

您懂得,诚信履约按时交付;别忘了,特殊情况礼貌沟通。

诚信参与拍卖活动,遵守契约精神,拍卖完成后请按时交付相关款项。遇到竞品损坏或其他特殊情况请保持冷静,与工作人员礼貌耐心沟通。

不积跬步无以至千里,不积小流无以成江海。文明细节虽小,却是"天大的小事",唯有从点滴小事做起,我们才能让文明在全社会蔚然成风,文明才能真正成为一种感染力、凝聚力、推动力,进而升华为一种城市的名片,一种国家的形象,一种民族的精神。

参考文献

[1]韵安.拍卖师:"交钱乐队"的指挥家[J].高中生:职教创客,2015(5):18-19.

[2]李秀洋.浅议职业体验对高中学生的意义[J].名师在线,2016(08):7-8.